U0754307

海权简史

海权与大国兴衰

熊显华◎著

台海出版社

图书在版编目（CIP）数据

海权简史：海权与大国兴衰 / 熊显华著. -- 北京：

台海出版社，2017.3

ISBN 978-7-5168-1360-7

Ⅰ.①海… Ⅱ.①熊… Ⅲ.①制海权—军事史—世界
—通俗读物 Ⅳ.① E815-49

中国版本图书馆 CIP 数据核字 (2017) 第 065777 号

海权简史：海权与大国兴衰

著　　者：熊显华

责任编辑：王　艳　　　　　　　装帧设计：张合涛

版式设计：苏洪涛　　　　　　　责任印制：李广顺　　王丽君

出版发行：台海出版社

地　　址：北京市东城区景山东街 20 号，邮政编码：100009

电　　话：010 – 84827588（发行，邮购）

传　　真：010 – 84045799（总编室）

网　　址：www.taimeng.org.cn/thcbs/default.htm

E-mail：thcbs@126.com

经　　销：全国各地新华书店

印　　刷：艺堂印刷（天津）有限公司

本书如有破损、缺页、装订错误，请与本社联系调换

开　　本：710mm×1000mm　　1/16

字　　数：230 千字　　　　　　　印　　张：19

版　　次：2017 年 4 月第 1 版　　印　　次：2019 年 1 月第 3 次印刷

书　　号：ISBN 978-7-5168-1360-7

定　　价：58.00 元

序言

值得的永远记忆

在我诚惶诚恐地打算写出海洋对于一个国家到底有多大作用的期间，出现了一些小插曲。

2011 年，由我编译的《大国海权》一经上市就成为热销书，直至今日依然畅销不衰，中央电视台曾做了专题节目报道，并得到广大读者、军事专家的认可。

2014 年，我又根据美国杰出军事理论家阿尔弗雷德·赛耶·马汉的海权"三部曲"——《海权对历史的影响（1660—1783）》《海权对法国大革命和帝国的影响》《海权与 1812 年战争的关系》，并结合多方面的史籍资料，重新翻译了这位影响世界历史进程人物的伟大著作，重新定名为《大国由海权崛起》，书中对难点、疑点的批注和阐释高达近千处。这种认真的态度得到了著名军事专家李杰大校的赞赏。

然而，在我的心里一直有一个未了的遗憾：是否能有这样一部既通俗易懂，又广泛细致地剖析东西方海权对大国兴衰影响的著作？

此后的五年时间里，我于沉思中，脑海里竟然波澜壮阔地浮现出那些湮没在风尘里的海洋文明史，时至今日，它们依然历历在目——

人类的发明早期为何多与陆地相关，第一个走向海洋的是谁，第一艘船是怎样的？

在海上航行迷失了方向该怎么办，通往东方的航线在哪里，多少人命丧大洋？

海盗为什么那么厉害，冒险家和航海家谁更厉害，其间有什么联系？

冰岛、澳大利亚、美洲、非洲……是如何被发现的，一条属于中国的海上密道竟然拯救了俄罗斯舰队，奥斯曼土耳其帝国是如何走向衰亡的？

美拉尼西亚人、波利尼西亚人、腓尼基人、斯堪的纳维亚人为探索海洋做出了哪些贡献，郑和下西洋有多少鲜为人知的事？

达尔文主义何以成为殖民扩张的狂热埋由，海上丝绸之路到底是怎么回事？

闭关锁国下的中国真的锁国了吗，西方人眼中的中国人是怎样的，中国错过了多少次成为海权强国的机会？

东西方国家在造船业、各种舰艇、战略战术、技术革新上呈现出的异同是什么？

明朝何以在一月时间就可以造出上千艘高质量的舰船，晚清为后世的海权发展留下了哪些可贵的财富与经验？

私营造船厂是否成为当时核心技术的掌握者，抑或中间链条？

西班牙、英国、日本、德国、俄罗斯、美国等国在海权的道理上是如何博弈的？

日本、德国是否真的理解了马汉理论，它们在"二战"中的失败与海权有多大关系？

制空权的诞生对海权产生了什么样的冲击，空权、海权、陆权可以完美结合吗？

我们需要什么样的海军，中国海权的出路在哪里？

……

太多与海洋、海权相关的问题纠缠于心，让我时常处在兴奋中。因为，它们或许都将成为我这本书中的重要内容。

静下心后，我通过各种途径查阅相关史料，结合自身以及诸多专家的理论或观点，站在相对客观的视角重新审视海权与大国兴衰之间的关系，于是，就有了这部带有十足诚意的作品《海权简史：海权与大国兴衰》。

回溯历史，我们应有这样的感触：一个国家的海权意识是否强烈对于国家的崛起至关重要，在此基础上诞生的海军应成为一个国家海上的主要力量；它在浩瀚的海洋上，该如何行事，秉承什么样的信条，部署什么样的舰船，采用什么样的战略战术……这些都将成为有责任感、荣辱感的国人不能回避的问题。

我们还要清醒地看到，如何应对来自海洋的危机，如何界定其战争形式，在受到海权概念所阐释的角色与结构的影响后，东西方诸国的表现是各不一样的。

譬如美国，它曾明显地受益于马汉的海权思想，然而到了20世纪80年代末，随着苏联海军威胁的消失，美国的海军政策做出了相应调整，在1992年的一份海军白皮书中将新形势下的海权描述为"从外海上的作战决定性地转向从海上进行联合行动……海军将集中于沿海作战及从海上的机动行动"。

对此，我们应该学习到某种难得的经验，一百年后的今天，美国虽然放弃了马汉关于击败敌舰是海军首要目标的教义，但这并不代表美国抛弃了马汉理论的核心。它不过是在新的世界架构上进行了形式上的变换而已，这也是美国海权力量强大的重要原因之一。

马汉曾这样揭示：一个认真的海洋政策必须要有民众的支持。而支持的前提是民众了解到海洋对一个国家有多么的重要，特别是像中国这样陆地占大多数面积的国家。美国海军战略学家莱尔·J.戈尔茨坦博士曾认为：在过去的 600 年里，中国是逐渐从海洋中退出的，而欧洲国家的海军力量却在扩大，直至影响全球。在近现代历史中，中国主要以陆地的形态支配着与其大陆接壤的国家，这大抵是出于民众对海权相关知识的匮乏所致，当西方的坚船利炮击碎了中华民族的"夜郎梦"，泱泱中华，又承受了怎样的血与泪的教训？

百年的屈辱历史让我们不得不勇敢地面对这样一个残酷的事实：海权意识的缺失带来的后果是沉重的，民众的海权意识缺失所导致的结果更是让人扼腕。正如军事理论家若米尼的名言所说——"（这是）值得的永远记忆"，创作这本《海权简史：海权与大国兴衰》，目的十分明确，就是力所能及地将海权意识的重要性告知国人，哪怕影响甚微，也要执着地坚持下去。

通过上千年的海权历史研究，我们还会发现近年来中国领海上各种冲突频繁的原因，是否因为我们的海上力量还不够强大？南海的局面为什么变得愈加复杂？钓鱼岛之争中，日本政府公然撞我渔船、抓我渔民，其公然挑衅之目的是什么？中菲南海争端中菲律宾提交国际仲裁法庭，无理的指责背后又隐藏了什么？晚清的张之洞曾说："中国无海不能立国，无海军则无海。"某种意义上讲，得海权者得天下，无海权无以成大国。现实中诸多的事实告诫我们：中国若要和平发展，在海权建设的路途上任重而道远。

当然，在面对当今世界格局与中国的发展时，我们也要欣喜地看到，中国终究迎来了海权时代，对海洋的开发和利用也呈现出了具有中国特色的局面。我们在领海的合法范围内自由自主地享有利用海权开展的社会政治、经济、军事、科研等活动，并将这种和平的海权理念传播出去。"一带一路"的理念便是相应的成果展示，在高举和平发展的旗帜下，主动地发展与沿线国家的经济合作伙伴关系，共同打造政治互信、经济融合、文化包容的利益共同体，共同建设"21世纪海上丝绸之路"。

21世纪是被世界各国所公认的海洋时代。鉴于此，我们伟大的"中国梦"当中，理应有海权建设的浓墨一笔。只有这样，中华民族才能在未来海权时代的激烈竞争中立于不败之地。

感谢出版方，感谢该书的策划编辑以及为此书做出辛勤工作的同人们！他们的出版初衷和我的欣然一致，我期待这样一部书不是终结，它应该还有后续的！

熊显华

2017 年 1 月 30 日

目录

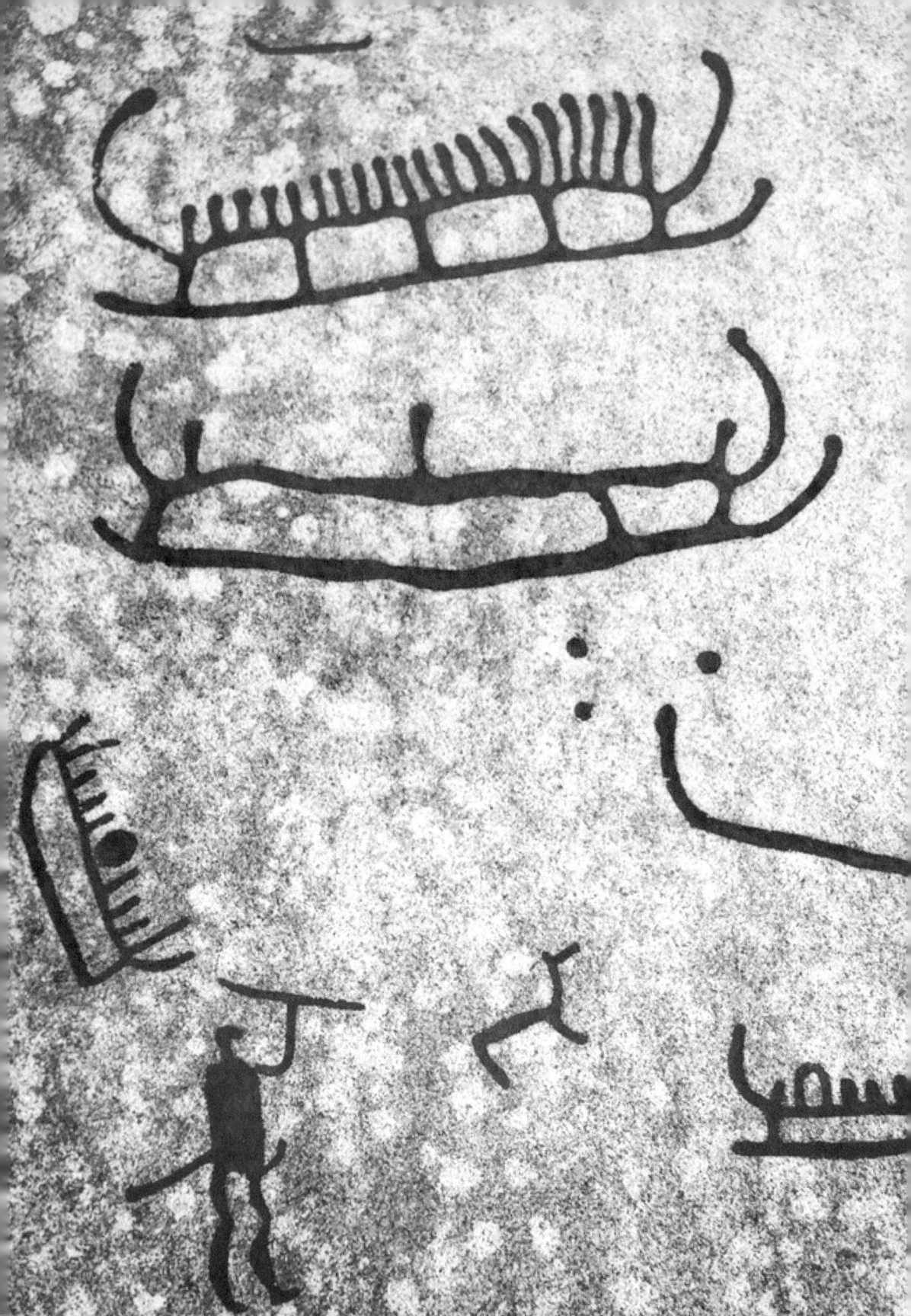

第一章

走向海洋：古代文明的探索

一、地理环境与出行工具

1

地理环境作为能量的交错带，包括了诸多资源。譬如，土地、河流、湖泊、山脉、矿藏、气候、动植物……人类自诞生开始，就必须面对并逐步适应它们。好在人类通过自身各方面的进化，在时间的推移中，逐渐地"适应"了下来——

其一，通过改变自身的一些条件，用以适应地理环境。譬如，不同地区的人种有着不同的体貌特征，人类在长期的进化当中适应了当地的自然条件。如北极地区的土著爱斯基摩人，他们分布在从西伯利亚、阿拉斯加到格陵兰的北极圈一线附近，为了适应那里寒冷的气候，他们面部在许多万年的演化中逐渐变得宽大，主要特征有：突出显著的颊骨、皱襞发达的眼角、短的四肢、较大的躯干，还有比较突出的外鼻和强有力地横张着的上下颚骨。这些体貌特征很适合在寒冷地带生存。

其二，通过发明创造、改造自然，让地理环境按照人类的意愿发展。如修房建屋、开山铺路、兴建各种工业园区。这些人类行为，让世界文明走向了新的高度。

以上两种方式经常相伴而生，共同作用于地理环境。

当我们把早期文明的发源地进行对比，就会发现一个很有意思的现象：地理环境对这些文明的发展历程影响是如此的明显；同时，这些文明的特点也彰显了不同的地域特征。

譬如，早期的亚非文明多发端于大河流域，中华文明源于黄河流域，而埃及则源于尼罗河以及美索不达米亚的两河文明。

可以看出，大河流域对于文明孕育的重要性，当然，也并非全然如此。如长江流域，由于位于中国南部的亚热带季风气候区，这里气候较为湿热，土壤为黏土，加上稠密的水系等特点，成为阻隔交通的障碍。

此种状况，一直到铁器出现、船的发明才改变，而原本阻碍交通的河道反而成为方便的交通了。毕竟，水运是迄今为止最廉价的交通方式。

这就是说，地理环境与出行工具是具有紧密相连的有趣特质的，而其间的发明创造，亦构成了一种相辅相成的关系。

2

在中国出现的比较先进的交通工具，绝大多数都与陆地相关，这主要是因中国大部分地区属于内陆。

早在西周时期，就已经出现了名为"车正"的管理机构，里面聚集了很多厉害的工匠。那时候的工匠一般是世袭的，世代为官府劳作，故具备产生发明的诸多条件，如出行的需求、货物的运输、农业的耕种，等等。

这时候，一位名叫奚仲的"车正"工匠以智慧的姿态站上了历史的舞台——他发明了世界上第一辆马车。根据《滕县志》里面的记载：

当夏禹之时封为薛，为禹掌车服大夫。奚仲……以木为车盖仍缵车正旧职，故后人亦称奚仲造车。

《左传》中，对这样的木制马车做了比较详细的介绍：它设有车架、车轴、车箱，为了保持平衡，采用左右两个轮子。同样，在《墨子》里，也有论述：

> 古者羿作弓，伃作甲，奚仲作车。

这算是非常厉害的发明了，甚至有人觉得，奚仲造车的贡献不亚于"四大发明"。盖因马车的发明与使用不但解决了落后的交通问题，还促进了道路设施的发展，扩大了商贸运输和文化交流活动。

这样看来，环境因素对发明创造的确有着非常重大的影响。像欧洲地势比较平坦，自然会在马车的发展上走得比较远；而中国的北方地区多属崎岖之地，在这样的地域环境里自然会限制到马车的发明和改进。

另外，马匹也是一个重要的条件。在人类的驯养史中，马无论是体量大小，还是力量以及耐力，都堪称对人类的完美补充，可以说，正是有了马这种能发挥强大动力的"工具"，马车的发明才有了更多的可能。

对于中国和欧洲这样的农业文明来说，马匹是备受欢迎的，当然也是极其昂贵的。即使到了19世纪，美国人的出行方式仍然主要靠双脚。其实，这一点在中国也好不到哪里去，以至于相当部分官员上任都只能步行或骑驴。

拥有众多良好马匹的民族，大概只有那些少数民族了，他们生活的地域环境适合马的成长。比如古代的胡人，他们马匹不仅数量众多，而且品质优良，当时的中原文明很多时候都需要从他们那里进口，再加上朝廷下令禁止民间养马（防止民众造反），马匹成了长期短缺的"贵族"。于是，一个有趣的现象就出现了：四轮马车十分罕见。虽然，在先秦时期的皇族里面已经有"六马"了，但终究没能推广开来。

这不仅仅是出于等级尊卑的考虑，而是马匹真的不够用，再加上没有先进的转向部件，使得四轮马车的性价比大大下降。我们知道，四轮马车与双轮马车相比，其优势在于"稳"，也只有稳，才是最安全的。古代的中国人应该没有克服前轮转向这个难题，又不具备古罗马那种宽阔的大道，四轮马车最终没能得到有效的推广和改进。

尽管马车一经发明，在人类社会中所发挥的作用就不断地提升，但也并非一帆风顺，事实上，就马车而言还是出了不少安全事故的。显然，这也是受到了地理环境因素的影响。不管是平原地区，还是崎岖不平的山地，古人都付出了沉痛的代价。有一个现象可以说明这一点：南宋时期，轿子的使用数量曾一度超过了车，各级官员皆偏重于坐轿。其中原因，除了北方领土的丢失，导致马匹缺少外，轿相对马车更平稳也是一个很重要的原因。

看来，人类社会除了马车以外，还需要其他的出行工具。再者，人作为群居性的高级动物，出行方式自然不可能太单一。出于各种需要考虑，其他的发明创造必然会随着历史的前进，一项项地应运而生。

人类的各种活动、交流乃至于生存，对出行工具提出了越来越多的要求。像中国这样的半内陆国家当中，那些生存在海边的人们，从原始社会开始，要跨过河流——这样的欲望相较内陆的人们更加强烈，更多的非陆路交通工具由此而诞生。

3

在水上行驶，由于水体大体是平的，几乎没有什么坡度，这种优质的特点在海面上尤其突出。而且海上有天然的驱动力——洋流以及风力，这时候，让人惊喜的场面就出现了：

一个人驾驶着船儿，悠然且愉悦地运载着很多的货物，晃晃荡荡地就行驶到了很远的地方。假如他此行是要到某亲戚、朋友家做客，又带着那么多的"礼品"，对方一定高兴死了。而这样的运载方式，在陆地上是难以做到的，更是丘陵山地等地形所不可想象的。

人的聪明才智与欲望，使得人类这个种群更加适合成为高等的动物。生活在海边的人们，"迫于"生活环境的压力而进行了思考与创造。在经过一番尝试后，一种先进的水上出行工具就具备了诞生的极大可能。也只有这样，当时的人们才能在茫茫大海中获取更多自身需要的东西。当然，人类天生的冒险精神也是必不可少的，在未知与风浪中，人类勇往直前，新的出行工具也逐渐成熟。

然后说说水上出行工具诞生所依赖的文明土壤。

一般来说，那些曲折的海岸，尤其是半岛四布、气候温和的地中海沿岸地区，其环境十分适合成为人类重要文明的发源地，于是在那里出现了先进的科学技术及发达的农耕等。

例如，位于地中海的腹地、红海之滨的埃及，其东至亚洲、北至欧洲、南至非洲大陆，不仅为三洲通衢，且居中连海接洋。这里理所当然地成为了重要的文明发源地。

再例如罗马，公元 3 世纪，随着亚洲人贸易线路的西进，罗马帝国的君士坦丁大帝在拜占庭建立了一个新的首都，也就是今天的伊斯坦布尔，这座城市有着非常好的地理优势——它扼守博斯普鲁斯海峡，东面是黑海、西面是地中海、南面是亚洲、北面是欧洲。聪明又有见识的罗马人，在与海洋打交道的过程中，逐步建立了庞大的东罗马帝国。

瑞典西海岸关于海上战斗的岩画

　　还有以海盗而闻名的北欧文明，想想他们的出行方式吧！这些维京人喜欢操控着船只外出，到处掠夺财富。而他们所栖身的斯堪的纳维亚半岛同样占据了非常好的地理位置——纬度很高，陆地气候寒冷，甚至还有不少地区长时间处于极昼或极夜。不难想象，要在这样的地方发展种植业，必定困难重重。可人总要生活下去，于是只有一个办法——走向海洋！

　　可以想象当时的情形：维京人坐在石头上，望着波涛汹涌的大海，突然发现这里还有曲折绵长的海岸线，有大西洋的暖流让绝大部分海域常年不被封冻。他们拍拍脑袋，幡然醒悟，原来辽阔的海洋才是发挥自己聪明才智的最佳"战场"。

　　在一辈又一辈人的努力下，维京人成为了强悍的海洋民族。在很长一段时间里，他们纵横西欧，让西欧人闻风丧胆；他们野心勃勃，有时还不顾一切，如巨鲸一般长驱直入，就连南欧和东欧都有他们的足迹。

不过，假如维京人没有在大海上的出行工具，或者说生活在靠水域的人们又会怎样呢？

其实，没有假如。

分布在全世界各地的人类，他们有的接受上天的安排，有的被迫迁徙；他们生长在不同的地理环境里，他们需要更好地活下去。

显然，人类想要在海上自由行走，获取所需，一切都不会那么顺利，甚至一定付出过惨痛的代价。但，这又如何呢？人们在上天赐予的地理环境中不正以大无畏的精神，不断地为世界文明的向前发展而努力吗？

在这样的信念下，远洋航行显然并不是梦！

二、早期船的发明与使用

1

作为半内陆的中国，实际是有漫长海岸线的，仅大陆海岸线就超过一万八千公里，再加上有六千多个岛屿环列于大陆周围，岛屿岸线长一万四千多公里。它们绵延在渤海、黄海、东海、南海的辽阔水域，并与世界第一大洋——太平洋紧紧相连。这样得天独厚的地理条件，为我们的祖先在海上活动，发展海上交通、贸易提供了极为有利的条件。

从远古人发现一根木头居然可以不沉入水底开始，已经彰显了人类的细致观察力以及强烈的好奇心。所以，他们的聪明才智毋庸置疑，尽管那时候还没有国家机制。随着时间的推移，远古人类自然不愿意长久地被束

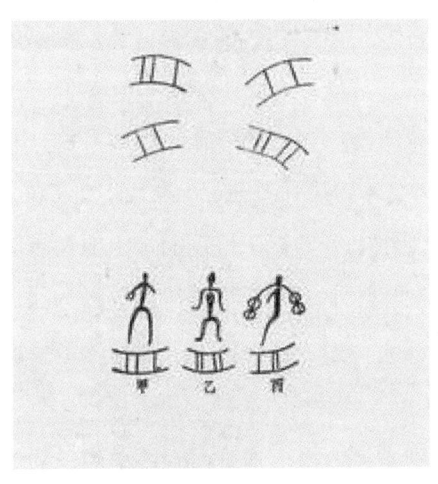

甲骨文中的"舟""船"

缚在山洞里,他们需要更为广泛的活动与交流。而且,当采集、交换物品的地点正好被河流所阻隔,该怎么办呢?

可以设想这样一个情景:

有一天,大雨突然而至,原始人毫无防备,他们惊慌失措。然后,一个原始人不幸落水,挣扎了好一阵子后,突然一截木头漂到跟前,他一把抱住这根木头,想尽办法爬了上去……

或许,这就是船的雏形。当然,这个勇敢的原始人有可能一去不复返。假如他顺流而下,要到何时才能上岸呢?或者,他抱住木头,在水力的作用下航行到中途的时候,倒霉透顶地遇上暗礁了……不敢想象,这是多么的危险,平衡性成了关键点。

这样的情景或者在往后又多次发生,不少原始人再也没有回来,这成为族群中其他原始人心中沉重的伤痛；不过从另一方面来说，这种经历却也积累成了一种经验。此后，为了平稳地浮在水面，他们绞尽脑汁，直到想出用两根、三根或更多的树木捆绑在一起的方法，水上出行工具至此就变得比较先进了。再后来，又有人进一步发现了更多能够浮在水上的东西，如竹子等，并借此制作出了类似于竹筏的水上交通工具。往后的发展中，聪明的人类继续发散思维，想到了把原木凿空的办法。如此一来，新的制成品就不仅可以搭载人，连货物也可以一并运输了，这便可以称为最简单的船。

由单个的木头到木筏，再由木筏而到简单船只的演变，其间的进化过程或许极其缓慢，但在船舶技术发展史上，每一次的改变都可以说是重要的里程碑。

2

依前文所述，远古人类为了征服水域曾做出了长期的努力。这里，我们有必要对此展开描述，并形成一条时间线，为我们了解东方航海史提供更加清晰的认知。

水上出行工具的准确出现时间现在还很难准确界定，但有一点可以肯定，中国是发明舟船较早的国家之一，至少在新石器时代就广泛使用了独木舟和筏，并以非凡的勇气和智慧走向海洋，开枝散叶衍生出了很多独特的文明。

众所周知，原始社会生产水平是很低的，而水作为人类生存的必要条件，使得人们大都聚集在水源充沛的地方，然后以渔猎为生；原始人类在和大自然搏斗的过程中，不断观察了解着大自然的神奇现象。

刘向在《世本》中记载：

古者观落叶因以为舟。

刘安在《淮南子·说山训》中描述：

（古人）见窾木浮而知为舟。

这里，落叶似舟，窾作中空之意，说明早在那个时代，人们就发现了一些物体具有浮性。《物原》中还有些有意思的记载：

燧人氏以匏济水，伏羲氏始乘桴。

透过这句话，我们可以得到一个重要的信息，即早在燧人氏和伏羲氏时代，人们对渡水工具就进行了不断的改进。

这一点是相当了不起的，要知道燧人氏生活的时代相当于山顶洞人的氏族公社开始的时代，而伏羲氏生活的时代则相当于半坡母系氏族繁荣的时代，以那个时代的认知发展水平来看，实属难得的亮点。

继续探究下去，记载中的"匏"就是葫芦，"以匏济水"表明人们抱着葫芦或树干作为浮具，勇敢地到深水去捕鱼了。也正因为有了这样先进的工具，使得那时的生活质量得到了较大的改善。

接下来，人们又把好多个葫芦用绳子连接起来，并系在腰上以提高渡水时的浮力，这叫腰舟。对此，宋朝的陆佃作了解释：

壶，瓠也，佩之可以济涉，南人谓之腰舟。

话中的腰舟直到今天还有一些地方有少量存世，2007 年，渡水腰舟还作为国家非物质文化遗产参加了"申遗"。

再后来，人们又学会了把葫芦捆绑在背上，这可太聪明了。匏和腰舟对手的使用有限制，这样略微一改变就等于把双手解放了出来，使得双手可以配合双脚一起划水，从而大大提高了在水中捕鱼的能力。

《物原》中的"伏羲氏始乘桴"，桴就是筏。传说伏羲氏教人结网捕鱼，用以饲养牲畜，人们用大量的鱼喂养牲畜，待长大再将其杀死，用其皮充气后，制成具有超强浮力的皮囊。有了这样的工具，在水里纵横就容易多了，借此，远古人类得以到达很远很远的地方。譬如，从距今五千年前辽东半岛小珠山二期文化的鬶（归）、鼎、钵等陶器中，我们可以得出一个结论：当时的大汶口人已越过波浪滔天的渤海海峡到达了辽东半岛。

奇迹一直在产生。

《国语·齐语》记载：

方舟设泭，乘桴济河。

这里，泭同桴。另《尔雅·释水》中有"并木以渡"的说法，据晋时郭璞的解释，木筏为簰，是大筏，竹筏为筏，是小筏。简单来说，就是把几根木头或竹子捆起来，以筏载物，乘筏渡河。而这样先进的工具，据考证是新石器时期我国东南部的百越人发明的。

筏是舟船发明以前出现的第一种水上运载工具。筏的制作比独木舟要容易，主要表现在以下五点：

其一，取材比较容易，大自然中的树木、竹子、兽皮等都可以选用。

其二，制作也比较简单，只需要将之并排串之固定即可。

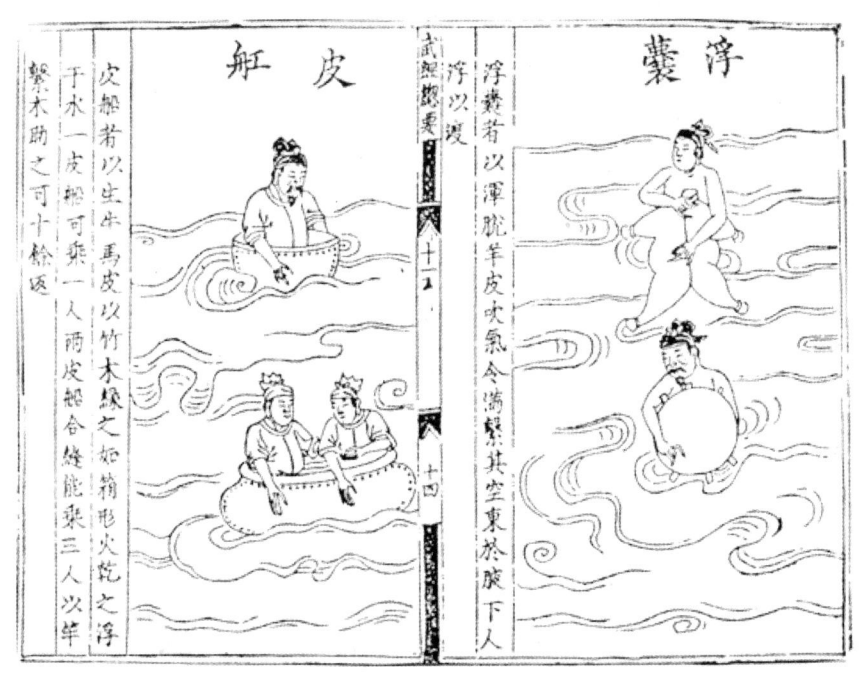

古代皮与囊做的渡海工具

其三，能多载，告别了以前载人、载物少的困境。

其四，行驶平稳，不怕水浅流急。

其五，筏的形式多样，如木筏、竹筏、牦牛皮筏。

这些远古人民创造的交通工具，即便是在今天的生活中仍起着重要作用。像一些靠近水域的农村，那里的人也还在使用这样的方式出行、载物；像一些漂流节上，也不时会出现这样的航行工具。

3

　　进入新石器时代以后，人们已能制造石斧、石锛等生产工具了，也能人工取火了。换句话说，因为有了火和石斧，人们就能制造出更为先进的独木舟了。

　　石锛作为新石器时期和青铜器时期的重要工具，其磨制功能对造船有着很大的作用。这种远古造船工具在我国沿海地区多有分布，以福建、广东、江西居多，其次是浙江、台湾地区。这也说明地理环境对工具发明的深重影响。

　　石锛的发明，为制作独木舟提供了先进工具。根据 1987 年黄梅陆墩出土的石锛显示，其长 6.1 厘米，宽 4.3 厘米，厚 0.8 厘米，表面较粗糙，顶端和两侧都有长条平面，正面略有凸弧，背面平整，刃缘斜向，正面有刃脊。另有一些石锛更先进，呈长方扁形，刃口斜削，与普通铁锛呈刨刀状差不多。

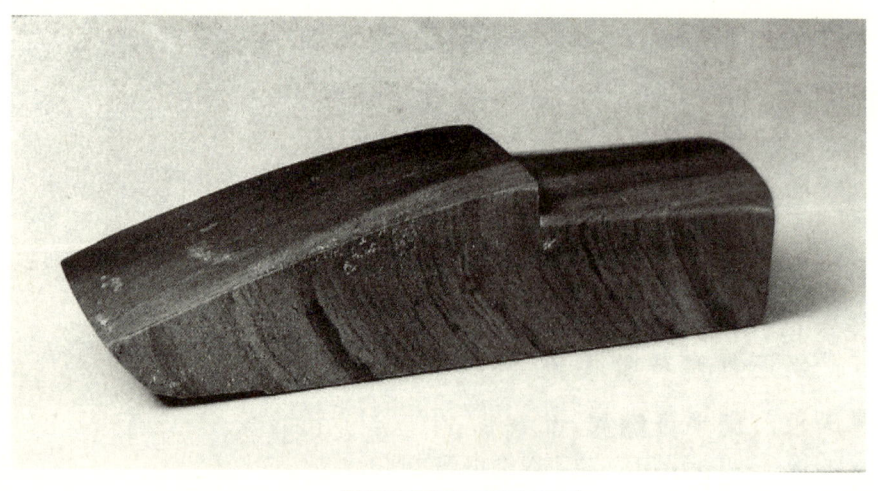

原始造船工具"有段石锛"

不同的地方在于背面，即刃口斜上所向的一面不像正面那样平，而是中间隆起成一条横脊，把背面分成前后两部分，后部较薄，看起来像有两段。

当各种造船的工具不断出现与改进，使得人们远洋的可能性一天天增大，而筏和独木舟也成为我国古代造船技术中两大船型系统的雏型。从另一方面来讲，人们可以远洋的距离已经大大提升了。

我们不妨来看看生活地域主要在我国东部沿海地区的东夷人。由于在海上活动的踊跃，他们创造了绚烂的黑陶文化和百越文化，算算时间，距今约有4000年时间了。并且，这种文化交流也渗透了辽东半岛沿海地区。

越族是擅长海上活动的优秀民族，他们通过航海活动把百越文化传播了出去。今天，我们看到的百越文化的遗址就在浙江余姚的河姆渡，那里有许多集中、典型的证据证明了这一点。

值得一提的是，百越文化的典型器物是印纹陶器和有段石锛，近代在台湾也相继发现了大量的百越文化遗存。譬如，某些石锛就与福建沿海发现的有相似之处。

这样看来，沿海各地区文化的互相影响与渗透，使得人们在海上进行的活动越来越频繁，也促进了水上交通工具的繁荣发展。

4

当人们陆续掌握了相关的导航技术，就可以深入海洋更远的地方了。就导航技术而言，前期大致有以下三种：

其一，将便于识记的地形始终保持在视线内与记忆之中，确保不迷航。

其二，建立一些标志符号。譬如，在江苏连云港锦屏山将军崖的黑色岩石上发现的将军崖岩雕，上面有人面、鸟兽、星云等图案以及各种符号，过去人们依据这些符号，可以识别方向。

其三，通过观察天象、日月星辰的运行规律来确定方位。最典型的就是利用太阳、月亮和某些星辰的出没时间来辨别方向，以指导出航、返航和进行捕捞等活动。

正是因为人们已经掌握了比较先进的导航技术，使得濒临西太平洋的中国人早在距今 7000 年前就以原始的舟筏浮具渡海。中国和地中海国家一样都是世界海洋文化的发祥地。

江苏的将军崖岩画

历史不断地向前发展，人们对筏和独木舟也进行不断地革新，后来终于制造出了新型的木板船。由筏和独木舟发展到木板船，这是造船史上的一个大飞跃。它的意义在于开启了航海史上的新阶段。

自此，人们不再满足于简单的海洋出行，而是倾向于通过水上运输进行商业活动。商代的人们已经开始利用舟船进行商业活动了。一个饶有说服力的证据就是：

在河南安阳商朝遗址及墓葬中，通过对出土的大量鲸鱼骨、海贝与象牙进行分析后发现，这些物品或本身属于海中产物，或是通过海外交换而来的产物。假如当地的人们没有进行商业活动，或者没有进行航海作业，是不可能拥有这些海洋物品的。

由于造船业的迅猛发展，在殷商时期，大量船只的出行不仅局限于捕捞和商业活动，还被用于抓捕奴隶。那时候正是中国历史上奴隶制社会的昌盛时期，施行残暴的奴隶主阶级专政。有很多苦命的奴隶，他们无法忍受繁重的工作以及残酷的压迫，很多奴隶开始选择逃亡。是逃向陆地，还是逃向蔚蓝的海洋？

那茫茫的大海，或许才是他们活下去的希望。奴隶们义无反顾地选择海上航线，他们要以大海为家。相关甲骨文中曾有这样的记载，翻译出来大概是这样：

殷王几乎每事必卜，他在癸酉这天进行了占卜，想知道能否将逃亡的奴隶追回来。殷王仔细看了卜兆，上面说可能在明天或后天才能将逃跑的奴隶抓回。可是奴隶们在第二天一早就已经过了河。殷王随即命令士兵出动船只去追捕，由于船只被陷搁浅了，耽误了时辰，直到半个月后才捉到逃亡的奴隶。

由此观之，假如当时没有先进的导航，没有造船业的迅猛发展，不管是商业活动，还是抓捕奴隶，都可能只限于自家门口的水域。

人类如何更加主动或安全地进行海洋作业，木板船的产生虽说一定程度上解决了这个问题。但新的问题又出现了，那就是其抗风能力较差。

换句话说，只有当抗风浪能力较强并能借助自然风力进行较远距离持续航行的木帆船出现后，人类的航海活动才开始变得更主动。

关于帆的发明，在《物原》中有记载。说有一天，禹看到了一种名叫鲨鱼的海洋物种。

鲨鱼分布于太平洋、西印度洋群岛和东南亚海域多藻类的沙质海底，在中国的浙江以南浅海中也有其踪迹。鲨鱼的形状很奇特，带有甲壳，身体扁而宽，就像螃蟹一样，尾巴如剑一样细长，背上则生有高七八尺的鳍。独特的体形与构造，使得每当有风吹来的时候，鲨鱼的鳍就会高高竖起，并借助风力快速前进，没有风的时候，它的鳍就收拢了起来。

在鲨鱼鳍的启示下，人们发明了帆。

风帆的发明与使用，体现了人类善于学习和模仿的高超智慧，它既是社会生产生活的需要，也是生产力发展到一定水平的产物。

当船配置上了风帆，其前进的速度获得了很大的提升，这是水上运输

"帆"的古代写法

工具在推进动力上的一次巨大飞跃，也是人类对自然风力资源的创造性开发，从此，人类的航海范围日益扩大，并逐渐向大海的深处发展。

当时对自然风力的研究还并不只有上面提到的这些。战国时期的《周礼》中，把风做了十二个分类，称十二辰风。揭示了季风变化的基本规律，对于海上航行的安全起到了十分重要的作用。

十二辰风分类法即便是到了现代依然实用，比公元 1 世纪罗马帝国的希巴洛斯发现季风早三百多年，比埃及人发现季风早二百多年。

航海技术的不断发明与改进，让人类的航海能力越来越强。当然，更重要的推动力还是人类"征服海洋"的那份决心。而许多新的船型出现后，也让人类在海洋里的航行越来越安全了。

三、一些航线的开辟与港口的建立

1

勇于冒险的开拓探险精神，造就了古代中国较为发达的航运，这一因素亦加强了其与很多或远或近的国家之间的往来，而见诸于史料以及考古发现中的一些港口与航线的开拓，足以证明当时的中国在海上的活动能力是十分强悍的。

譬如，西周时期，商代的贵族箕子于朝鲜半岛建立了箕子朝鲜。现代的考古发现中，从朝鲜半岛出土了许多铜铎、铜剑，而这些文物在中国的春秋战国时期同样出现过，这表明中原文明和箕子朝鲜之间必然存在着一定的贸易活动。而要从中原地区到达朝鲜，很显然是需要通过黄海的，这至少从一定程度上说明，当时的人们应该已经具备了在黄海进行远航的能力。

到了秦始皇时期，航海能力与航线的开发都达到了比较高的水平，从秦始皇的五次巡游即可得到证明。这五次巡游，除了第一次是发生在陆地，第二次至第五次都是发生在海上。若是没有准确、安全的航线，是不可能做到的。

汉武帝时期相较秦始皇时期，皇帝巡海的次数又多了几次，而且，汉武帝的七次巡海之间相隔很短，有时甚至达到一年一次。他在69岁高龄之时，即驾崩的前两年，依然毫不犹豫地亲自去巡海。汉朝具备这样频繁的出海能力，得益于景帝时期的休养生息，再加之武帝时期的巩固发展，当时社会的经济发展与国势都达到了比较强盛的地步；因此，汉武帝才可以有足够的底气开辟海上航线，并致力于海上各国往来。

借着天时地利人和，汉武帝先后开辟了三条重要的海上航线，分别是：

其一，南北沿海航线：北起辽宁丹东，南至广西白仑河口。

其二，朝鲜、日本航线：从山东沿岸经黄海。

其三，徐闻、合浦航线。

汉武帝凭借强大的水师完成对东瓯、闽越、南越等地方封建割据政权的统一，继而为巩固海疆及东南与南方沿海航路的畅通打下了基础，而从南海通往印度洋的航线亦在同一时期打通，这也是中国历史上的第一条远洋航线，是当时的海上丝绸之路。

我们不妨闭上眼睛想象一下那些海船经南海、马六甲海峡到达印度洋的情景。这条航线的起始点是广东徐闻和广西合浦，载满货物的海船往南海方向航行通向印度和斯里兰卡，再以斯里兰卡为中转点继续向前，并就地展开海上贸易，一片热闹与繁荣中，商队从当地购得珍珠、璧琉璃等，而产自中国的高质量丝绸也由此地转运到更西边的罗马。不管是市井之民，还是商贾富人、上流贵族，他们只要愿意，就能享受到这些海外商品带来的愉悦。

将时间拨后几百年，东晋末年，和以前有些不同，主要的海上活动来自于底层，当时孙恩、卢循领导了数十万农民的反晋斗争，他们在东海、南海上以及长江中下游以南的许多水域纵横了十余年。之所以能够如此，主要是因为孙恩、卢循以天然的海岛为基地，进行各种军事活动。他们造了许多战船，既作战于海上，又固守于海岛。由此观之，那时候的人们已经注意到天然海岛与港口对据守的重要性了。

到了隋朝，较为活跃的海上活动基本是在中国和朝鲜之间，当时从海上到朝鲜半岛有两条路线：一是黄海路线，二是渤海黄海沿岸路线。同期，陆地上的内水水域活动也出现了重大发展，那就是京杭大运河的开凿，这条运河花费了极大的人力、物力、财力，使得南北运输能力得到了巨大的提升，这也表明，人类在认识到水上运输的便利后，开始人为地扩大甚至创造水域范围，从而更好地利用水上运输的优势达成自己的目的。

至唐朝时，与各国的海上贸易可谓是走进了全面繁荣时期。

宋时，海运进一步走向成熟，朝廷分别在广州、杭州、明州三地设"三司"，即市舶司，负责掌管所辖港口对外航海、贸易、收税等事务。北宋中期，由于西夏控制了河西走廊地区，与西方贸易往来只能走海路，当时主要航线有：

其一，亚非航路沿线（总共有五十多个国家）。根据周去非在《岭外代答》中的记载，主要开通了三佛齐国、阇婆国、大食国等国的航线。

其二，直达红海和东非的西洋航线。

宋朝时的汴河漕船

2

唐朝的时候，由于国力空前雄厚，与阿拉伯国家、日本、高丽等国的贸易往来十分频繁。与此同时，江南经济也迅速发展了起来，海上贸易的重心开始转向南方，东南港口也由此而得到开发，呈现出一片繁荣景象。

广州港，得益于优越的水陆交通条件，位于珠江口。因为濒临南海，随着唐代航海贸易量的增长，很快成长为第一大港。每当夜幕降临的时候，那些往返于东西亚间的中外海船便会集结在广州港，鳞次栉比，千帆过尽，壮观至极。

泉州港，位于福建东南海滨，扼晋江入海口。

泉州湾内，进行贸易文化交流的主要是东南亚人、波斯人、阿拉伯人，这些来自天南海北的人共同将这座港口映衬得繁华无比。

交州港，南通南洋、印度洋，北达广东福建，为南海航行中的必经之地，如果从广州航行，只需要四天的时间就可以到达。

而扬州港，自隋开大运河后就处于长江与运河的交汇处，成为国内南北物资集散地，也是国外商人进行珠宝、丝绸、瓷器贸易的场所。

还有北方第一大港登州港，它濒临渤海，与辽东半岛隔海相望。在唐代时是东北地区外对高丽、日本的主要港口。

到了宋朝，往来于西方航路上的几乎全是中国船。宋代开辟的至阿拉伯与东非的航线标志着我国航海事业已达繁荣时期，突出的一点就是海上路程所消耗的时间大大减少，如广州至三佛齐只需 38 天。

当然，这里能概述的只是很少的一部分。我们在关注这些航海节点的时候，更需要明白，制空权代替制海权成为国家命运的决定因素，是我们人类的无畏精神和聪明才智。

四、闭关锁国

1

所谓盛极而衰，在引领了很长一段时间的航海潮流后，因为一些历史的原因，中国积极进取的海上活动受到了保守思想的禁锢，曾经开放的海上大国开始施行闭关锁国的政策。

这是故步自封、夜郎自大，还是为了某种安全考虑，抑或兼而有之？时至今日，真正的原因已掩埋在了久远的时间之中。

倘若，不闭关锁国呢？我们来看西班牙。

当西班牙人用廉价的白银（从新大陆运往马尼拉的白银价格相当于当时亚洲银价的 30%，所以算是比较廉价的）从中国购买到大量的陶瓷、漆器、丝绸时，他们发现这中间的贸易利润十分巨大。于是，新大陆出产的白银大量进入亚洲；美洲大陆与中国之间形成了一条稳固而汹涌的"白银洪流"。

上述如管中窥豹一般，仅做了那么一丁点儿的描述，但透过这么一丁点儿，就可以看出当一个帝国以开放的姿态迎接新世界的到来时，其财富自是不言而喻。

明朝通过"一条鞭法"获取了大量的白银。清朝亦从地丁银等税制改革中获益不浅，仅与马尼拉一地的贸易来讲，这里的交易主要靠福建的商人来完成，中国给予他们优质的丝绸，他们付出大量的白银，而马尼拉当局也通过向中国商人征收税而获得了不菲的税收，此项税收占到当时其政府收入的 20% ~ 25%。

再来看日本。1543 年，葡萄牙人来到种子岛，并将火炮技术传入日本。这样一来，日本自古以来的战争方式就发生了极大的改变。耐人寻味的是，这些葡萄牙人所搭乘的大型戎克船，与明朝高水准的船有着许多相似之处。

事实上，这是中国独创的帆船类型，相传在汉朝的时候就出现了，后经宋、元时期的改进，在中国近海大量出现。明朝的时候，郑和船队又对其做了改良，于是，这种船开始大放光彩，不仅可以畅行于东南亚，甚至能够远达非洲。

从这一点可以遥想当时的海上盛景，可惜在拥有如此强大国力的时候，中国偏偏选择了拒世界于千里之外，并在随后的日子里越来越陷入封闭的

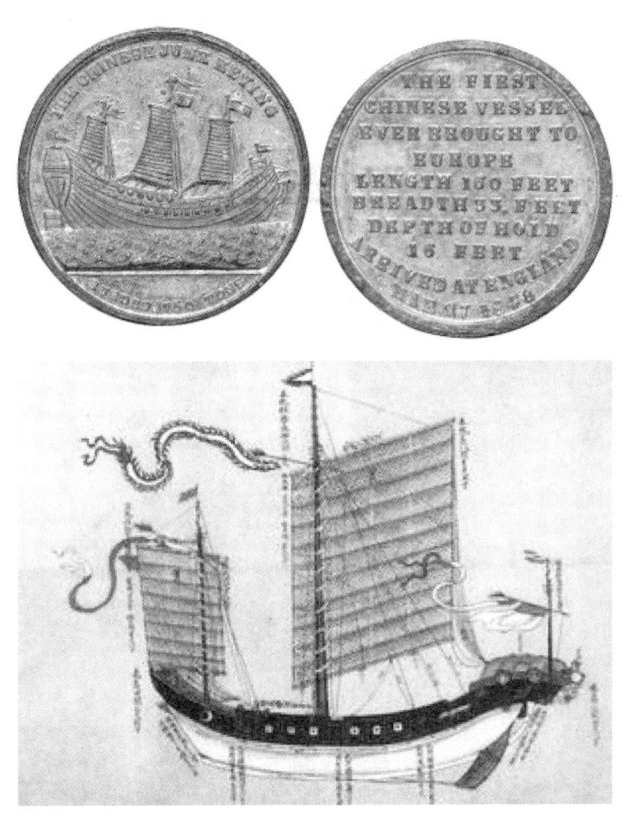

上图是中国戎克船纪念章，下图是宋明时期活跃在福建沿海的戎克船

泥淖中，思来实在令人扼腕。

日本曾经也像中国一般采取过锁国政策，后来经过明治维新，却躲过了一劫，避免成为西方国家的海外殖民地。变革、开放……当一个王朝以这样的姿态面对世界风云，它会变得很强大——至少是原因之一。

像隆庆开关这样的政策就让明帝国受益匪浅。从 1567—1644 年的近 80 年中，海外流入中国的白银总数大约为 3 亿 3 千万两，相当于当时全世界生产的白银总量的 1/3。有学者估算，自万历元年（1573 年）至崇祯十七年（1644 年）的 72 年间，各国输入中国的银元由于贸易顺差关系，合计至少超过 1 亿元以上。

这会导致什么样的结果呢？

从经济方面来讲，大明帝国借此积累了巨大的财富，为日后在内忧外患中挣扎提供了延长寿命的资本。

当然，也为此后张居正的改革提供了条件。

2

到了 18 世纪，清朝统治者期望维护极权统治，依然实行闭关锁国政策。

这种鸵鸟般但求自保的心态虽然在一段时间内防范了西方殖民主义者的入侵，但同时也形成了十分被动的局面，导致当时的中国在各方面和世界出现了脱节的现象，而彼时的世界正值大发展阶段，一朝脱节，后果就是全面的落后。

其实，清朝政府也开放过数次，并且在海外贸易中数度处于有利的地位。

先来看一组数据：日本长崎交易所曾有统计，从顺治五年（1648 年）到康熙四十七年（1708 年）间，日本外流金额 200 余万两，银额 3700 余万两，其中 2/3 以上流入了清朝。。

从这组数据中管中窥豹，可以推算出当时开放之后所获得的收益是何等巨大。另外，清朝海外贸易的发展，也促进了东南各省手工制造业与沿海城镇的兴起。只是，开放的时间太短暂了，因为海上贸易逐渐被沿海大家族把持，国家从中获得的利益减少，加上东南倭寇越发猖獗，清朝上层在简单衡量利弊之后，再次退入了闭关锁国的政策当中，而闭关锁国的后果，随着时间的推移，慢慢显示出了其弊端——停步不前、跟不上时代。

其后的两次鸦片战争也成了某种程度上的必然，对中国产生的巨大冲击亦难以避免：中国由此逐步沦为半殖民地半封建的国家；而《北京条约》的签订，更是让清政府闭关锁国的政策破产；中国，就这样被迫向西方列强打开了大门。

第二章

改变世界：纵横大洋

一、早期的环绕航行

1

对未知世界，我们总是以十足的好奇心待之。

人类永远希望可以到达那未知的领域。人们凭借坚强的毅力，以及大无畏的冒险精神，开始充满艰难、刺激、危险、惊喜的征程。

比如生活在欧洲、北非的人就对地中海无比的热爱。那里作为古罗马、古希腊文明的重要起点，拥有着无数值得探索的地方。

而东方人，则有着相异又相似的情怀。譬如，早在罗马帝国崛起的数千年里，已经有越过亚细亚大陆，并往来于马来群岛的东方人了。

当然，这些并非重点，地理环境的阻隔，使得不同区域的人们在交流上的障碍并不那么容易，但人们对未知世界的强烈好奇心，或者说迫于来自生存上的压力，让人们不得不想办法去跨越障碍，从而造就了对于海上探索的异样情结。

……

海上航行，自然不能缺乏与之配套的工具。好在人类拥有足够的智慧，凭借着意识的能动性，成功地发明了先进的航海工具，掌握了诸多对于航海必不可缺的天文、地理等方面的知识，并逐步熟练地加以运用。

世界终归是一体的，无论是东方文明，还是西方文明，抑或其他文明，最终都会走向交流，而种种文明的碰撞，让这个世界充满了诸多可能性。

早期开辟航线的目的，主要以获取海洋资源为主，随后则慢慢转向商品交易、文化交流。

丝绸之路的开辟，让西方通往亚洲各国的可能性大大加强，并最终成功地延伸到地中海地区。这条陆上通道，让东西方的各种交流尤其是商业贸易得到了极大的发挥，而商贸的发达使得无论东方还是西方的财富都开始暴涨。

人类并不满足于这些，当东方优质乃至神奇的货物、先进的文明传到西方后，西方人纷纷对东方充满了无限神往，甚至认为那里是遍地黄金的天堂。

然而，丝绸之路这条贯通东西的路线毕竟太过漫长，中间需要穿过无数的国家，受到的掣肘很多。某一天，处于这条路线中间的奥斯曼帝国下了一道命令，立刻让这条东西方交流的路线断裂。

于是，欧洲各国的贵族开始大力支持那些敢于冒险的航海人士，开辟新的通往东方的海上道路成为最为强烈的动力。

他们渴望找到更短、更便捷且不会受到他人钳制的航道。于是，一些后来享誉世界的航海家便诞生了：哥伦布、麦哲伦、卡波特……

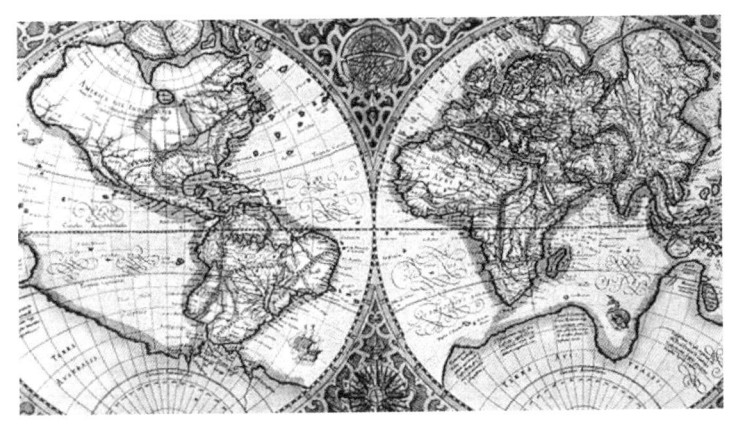

地理大发现时期的海图

第二章　改变世界：纵横大洋

031

地理大发现时代由此开启，让人深思的是，平等的交易因为不如暴力掠夺获得的利益大，而暂时被取代，无数富饶的无主之地等待着人们通过海上航线去发现、去征服，一块块海外殖民地也就相继出现了。

以上仅仅是纵横大洋下的航海时代的一些剪影，想要做到面面俱到的阐述并无可能。因为，这本身就是一部写之不尽的历史，能做的描述不过是沧海一粟。

2

来看一个非常有意思的场景：

在很早的时候，太平洋上就出现了为了改变环境而重新寻找居住点的人，其间甚至还伴有建立殖民地的航海活动。

这些人不仅在附近海域进行探索，还冲向了远东地区。

像菲律宾群岛最早就是这样被发现的。之后继续向南扩展，发现了马来群岛。而澳大利亚，则是在约4万年前，印度洋至太平洋地区的人们，跨越了马来群岛后发现的，当时他们到达的是澳洲北部，并在那里建立了殖民地。

一个值得思考的问题出现了：他们是怎么来的？

当时的海平面相比现在要低了近百米。即便是这样，也不大可能在新几内亚岛与澳大利亚之间形成一座陆地桥。唯一的可能性就是：他们通过驾驶船只，穿过了托雷斯海峡。当然，其间遇到的艰难险阻是可想而知的，但勇敢的澳大利亚土著人做到了。

马来人也不弱，早在公元前1万年就到达了俾斯麦群岛与所罗门群岛。

遗憾的是，此后他们在太平洋的活动也没能超出这些岛屿。

由此可见，穿越海洋是多么困难的一件事情，直到约公元前1200年的时候，美拉尼西亚人才将他们的海上活动范围扩大，斐济群岛、汤加群岛、瓦努阿图群岛以及马克萨斯群岛上开始有了他们的身影。

事实证明，美拉尼西亚人向西迁徙、扩张的行为是正确的。经过一代又一代人的努力，他们最终成为一个独立的民族。他们成功地跨越了太平洋，这是多么伟大的航行。

美拉尼西亚人在这段艰难的跨海穿越中逐步掌握了先进的航海技术，他们在海图上标记岛屿，他们通过星象推算自己的海上位置，他们通过风向和水流测定速度……

人类就这样在航海的过程中，将文明一步步向前推进。

说起太平洋上其他的重要跨海之举，就不能不提到波利尼西亚人。据说夏威夷群岛就是他们发现的，当然，也有说是马尔萨斯人。无论怎样，这都是值得让人赞叹的。他们仅仅凭借独木舟就可以跨越如此巨大的海域，听起来是多么的了不起。

古代波利尼西亚人用于渡海的双体独木舟，十分独特

第二章　改变世界：纵横大洋

伟大的跨海之行绝不只这一次，之后还有，虽然时隔很久。

大约到了1150年的时候，波利尼西亚人发现了新西兰，它的面积虽然比复活节岛和夏威夷岛都要大许多，要发现它却并不容易。

……

美拉尼西亚人、波利尼西亚人的海上航行与探索，在世界探险史中算比较早的。他们果决地离开自己的属地，到很远的岛屿上建立领地，他们是西方航海活动的先行者。遗憾的是，由于缺乏文字的记载，我们无从知道他们中间出了哪些有名的航海家。

古代地中海被当作世界中心的海洋，与之相邻的国家通过海洋航线进行交易，而东方的丝绸、香料则是通过丝绸之路才得到的。那时的人们，很难想象要得到东方的商品到底需要经过多长的路程。于是，一些哲学家们开始思考："扁平的世界"不可能没有起点与终点，既然所有事物都存在于地面，也就是说，只要沿着海洋，无论怎样，终将到达终点。然而，希腊的哲学源于思辨，有天文学家对此提出异议，他们推测地球的形状应该是球体，而非圆盘。可惜，他们是少数，短时间内无法战胜多数，"扁平的世界"的观念依然占据主导。

这样看来，古希腊人的航海活动不过是沿着海岸线前进，或者在地中海区域的岛屿间进行穿梭而已。

谁能打破这样航海的局限性呢？

我们期盼着更厉害的航海民族出现。

3

说腓尼基人是最优秀的航海民族，想必没有人会反对。他们在全盛期曾控制了西地中海的大多数贸易，一度将地中海当作了自家的后花园。

公元前2000年，腓尼基人崛起，作为当时世界上以擅长航海闻名的民族，他们善水而勇猛，主导着地中海地区的贸易；他们横穿直布罗陀海峡，纵横于大西洋；他们创立了腓尼基字母；他们甚至还有安乐死的概念——据说，住在撒丁岛上的腓尼基人在自知时日无多的时候，会服用一种名为死亡微笑的毒药，这种毒药有着让人微笑着死去的神秘效果……

腓尼基人主导的区域主要是西顿以及早期的塞浦路斯岛，然后，他们向西北沿着至西班牙的海岸线一路披荆斩棘。在扩张和掠夺中，建立一些定居地，作为掠夺财富的基地、中转站。同时，沿着西南推进，继而控制了北非沿岸的迦太基、安纳托利亚等区域。就这样，腓尼基成为地中海西部主要的海上、贸易民族，并一度发展到大西洋海岸。

这些航线的成功开辟，证明了腓尼基人高超的海上本领。那些新航线

7世纪，尼尼微辛那赫里布宫殿里所描绘的腓尼基战船

的发现、先进船只的发明与使用以及各种关于季风与洋流、星象与图文等航海的智慧，足以让腓尼基人称霸海上。他们甚至可以航行到海格力斯之柱以外的区域进行贸易；还有环绕非洲航行的壮举，根据希腊历史学家希罗多德的记录，腓尼基人至少有两次这样的大航行，而航行的目的在今天看来是不计后果的血性之行。

在阿契美尼斯王国，有一天，一个名叫撒塔司佩斯的人居然强奸了贵族家的公主，这下事闹大了，整个贵族阶层都极其愤怒，强烈要求国王薛西斯一世施以严厉惩罚。经过慎重思考，薛西斯一世决定用严酷的刺刑将其处死。这时候，撒塔司佩斯的母亲急了，她放下尊严，乞求薛西斯一世从轻处罚自己的儿子，薛西斯一世一时动了恻隐之心，就将死刑改为"出海航行"，处罚虽然轻了，但实际上所谓的"出海航行"仍是生死未卜、充满极度危险的。

就这样，薛西斯一世命令撒塔司佩斯出海利比亚（希罗多德将非洲称为利比亚）。这趟航行，简单来说就是环绕利比亚（非洲），再通过阿拉伯湾返回。显然，这是一项很难完成的"任务"，事实上，撒塔司佩斯最终还是被刺刑处死了。

类似这样的航行，其最大的危险在于，茫茫大海之上，如果没能选择正确的航行时间，那么就很容易遭遇由好望角吹来的反向季风，再加上极其恶劣的海上天气，仅仅依靠船桨航行的原始方法，自然是力有未逮。

当然，腓尼基人应该是成功到达了非洲的。他们从迦太基城出发，由红海南下，绕过好望角，后经直布罗陀海峡进入地中海返回出发点。

组织这次大航行的是一个名叫汉诺的人，他带领船队到达了非洲，并对非洲大陆的西岸进行了探索。这样算来，腓尼基人要比葡萄牙航海家巴尔托洛梅乌·缪·迪亚士 15 世纪末环绕非洲的航行早了一千多年。

腓尼基人不愧是最优秀的航海民族！

4

古代斯堪的纳维亚人也是优秀的海上民族，他们先于哥伦布几个世纪到达了美洲。

在造船的技术与工艺上，斯堪的纳维亚人无疑是一流的。他们制造出了当时世界上航行速度最快、构造最精美、外型布局最科学的船。这种船的先进性在于采用了鱼鳞式的外壳，而材料则是来自斯堪的纳维亚森林的硬木材，船身用好几层的木板层叠，中间用铜钉铆起来。

斯堪的纳维亚人在船上装了大块的横帆，其目的是为了最大限度地利用风力。在顺风的时候，船能够在风的推动下飞速前行；而当遇到逆风的时候，就把横帆放下来，使用人力进行驱动；假如遇到极度恶劣的海上气候重袭，则又可以借其快速停航。

斯堪的纳维亚人还是凶悍的武士，戴着头盔，手执盾牌，紧握大砍刀的他们总是号叫着冲向那些海岸边的民族，因为本身的凶悍与无敌，而获得了一个"很贴切"的名外号：北欧海盗。他们势如破竹地活跃在西北欧的海岸线一带，进攻着英格兰、爱尔兰，并远行到了直布罗陀与地中海一带。他们的野蛮横扫似乎从来不曾停止过，比斯开湾北部所有的海岸民族无一幸免，哀声一片，在电闪雷鸣及暴雨倾盆中，人们生活在对他们的恐惧中。

林迪斯法恩岛上的人或许更加悲惨。这是个潮汐岛。

793 年，诺森布的气候十分异常，人们看到有火龙出现，时不时电闪雷鸣，狂风大作，人们惊慌不已，认为这是不好的征兆，随后大饥荒真的来了。1月8日这天，更可怕的事到来了：斯堪的纳维亚人蛮横地闯入了他们的属地，烧杀抢掠，无恶不作，人们死伤无数，妻离子散，就连林迪斯法恩岛的教堂也不能幸免，国王西加也在愤懑交加中于2月2日去世了。

《盎格鲁—萨克逊编年史》里的记载大致便是如此。

斯堪的纳维亚人还似乎与冰岛有缘，他们根据太阳落山的方向测算出，只要沿着这方向前行数日就可以到达岛屿。于是，他们就此发现了一个神奇的岛屿，那里大部分地区都被冰雪覆盖着。更神奇的是，在岛屿的南端有那么一部分居然是草原，其形成原因则主要是附近火山和温泉的存在。

发现这里后，斯堪的纳维亚人欢呼雀跃，他们激动不已，这是绝好

这幅古代的斯堪的纳维亚海图上绘着海象，证明他们的足迹到达了北极附近

的岛屿！有冰雪，有草原，有温泉……一年四季大部分时间都温暖舒适，更重要的是，土地也十分肥沃，完全就是适合他们长期居住与生活的好地方。

根据《殖民之书》的记载：

874 年，他们机会来了。一群斯堪的纳维亚人因与挪威国王哈罗德发生争执——他们不想和新到的挪威异教徒生活在一起。于是，他们在英格尔夫·阿尔纳尔松的指挥下向冰岛进发。

而关于定居冰岛一事还有一段饶有意思的插曲，这足以证明斯堪的纳维亚人与之是多么的有缘。

据说，英格尔夫·阿尔纳尔松与妻子海尔维格去意已决。随后，在从挪威的家中离开时，带走了两根大柱子，他傲气十足地将柱子抛入大海，并说，只要这柱子漂到什么地方，那个地方就是他们的家。

结果，这柱子就像是有指引似的漂向了冰岛。英格尔夫·阿尔纳尔松给它取名为"雷克雅未克"。关于这个名字的由来，可算作"误解"。当他们站在船头向岛上眺望，欣喜地看到远处的海湾沿岸升起缕缕炊烟，于是，这样的名字就油然而生了，意为"冒烟的海湾"。事实上，这里根本没有炊烟，那只是岛上散布着的许多温泉，间歇泉喷出的无数水柱。

斯堪的纳维亚人定居下来后，往西眺望，发现了一块陆地，征服的特性让他们驾驶船只从冰岛出发，前往格陵兰创建殖民地。他们由此发现了美洲大陆。虽然，据后来考证，他们只不过在美洲大陆生活了几年时间。

浩瀚无垠的海域，正等着那些果敢、智慧的人去发现。美洲大陆如此令人神往，威尔士王子想要在那里获取巨大财富。因为，那里物产极其丰富，特别是黄金，成色是最好的。能够在那里开拓殖民地，则应该感谢一个叫作麦多克·欧文·圭内斯的人，是他让这一切有了可能。

世界的未知领域因这些强悍的海洋民族而发生着改变，人们在海洋上的活动逐步变得丰富与复杂起来，他们不再是单一的占领、掠夺，更希望从中获得连绵不断的财富来源。他们经过一代又一代人的努力，为今后崛起的强大帝国奠定了坚实的基础，他们实在功不可没。

那么东方呢，又会是怎样一番情景？

当然，人类对海洋的向往是相通的。

二、纵横大洋的大明王朝

1

1405—1433 年，让我们铭记这段历史——由大明王朝出发的强悍帝国舰队穿越了世界大洋：一个叫作郑和的航海家，对世界海洋的探索做出了不可磨灭的贡献。

一张神奇的地图将我们拉回到 1418 年。这张地图让人惊叹的地方在于：它表明，早在 15 世纪的时候，中国人就已经探索了整个世界，并为此绘制出了地图。时间上比英国早了四百多年。

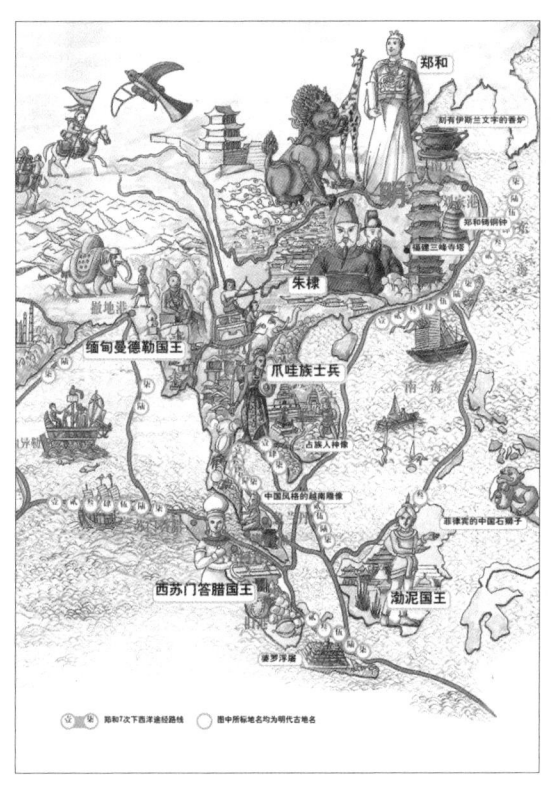

郑和下西洋

郑和对海洋的探索与欧洲人 15 世纪进行的探索有所不同，在英国史学家加文·孟席斯看来，主要特点有以下五方面：

其一，改写了地球的探索史。

其二，航海出行的规模大，分工精细，各司其职。譬如，其中四次大的航海活动（1421 年开始），每次出动的船只数量高达几百艘，形成庞大、震撼的舰队，并由统一的将领指挥。

其三，绘制出了所到之处的地图，相对精确地进行标注。

其四，发现、开辟了新航线，并寻找出了适合居住的殖民地，开展贸易的同时，能让他们向明朝皇帝纳贡，这样一来，增加了明朝的财富。

其五，具备一流的航海技术与设备。譬如，航海罗盘、计程仪、测深仪等航海仪器的运用；罗盘的使用误差不超过 2.5 度；能根据海图、针路簿记载来保证船舶的航行路线。

15 世纪初的中国人是优秀的船舶建造者，他们掌握了诸多先进的造船技术。如，船舶防水技术；如何在一条"巨无霸"上装配 100 张绸制风帆。

2

加文·孟席斯认为郑和的大舰队都是从天津出发的，它们闯过印度洋，一直到达了非洲东海岸。

一个叫杨庆的将军带领的舰队到达那里后，还能沿着海岸线顺利地返回到中国，这便得益于准确绘制的海图，以及高超的航海技术与设备的运用。

当其中一支返回后，剩下的三支舰队继续前行，它们英姿飒爽地航行于大洋上，绕过好望角，朝西而行，然后顺着大西洋和太平洋环流，继续探索海洋世界。

这里，有必要再作一些相对细致的描述：

周满带领的舰队在穿越麦哲伦海峡后，转而向北航行，他们沿着智利和秘鲁的海岸线前进。在这里，他们与南美印加的文明发生了碰撞。当然，之前在秘鲁的不愉快经历（譬如，副将马瑞战死）在印加也得到了安慰。过了一段时间，他们继续航行，也有一种说法，说他们神秘消失了。他们向北进发，到达了加利福尼亚海岸。在此期间，他们还曾到过澳洲大陆和新西兰，而在绘制完相关海图后，他们便驶向了太平洋，回归中国。

由洪保带领的舰队穿越了大西洋，并沿着南美洲的海岸一直航行到了麦哲伦海峡，随后他们进入太平洋海域。可惜，他们在这里没有做长时间的停留，或者什么新的探索，而是当即调转船头，向南航行，到达了南极海域的南设得兰群岛，然后，一路到达了冰冷的南极海岸。洪保决定不再前行了，遂带领舰队往北航行，中途在澳洲大陆做短暂休养，最后，回到中国。

周闻带领的舰队由佛得角穿越大西洋，沿着美洲东北海岸到达了格陵兰岛的南端，接着向北而行，最后竟然到达了冰岛。至于他们和斯堪的纳维亚人是否有交集，便不再多谈。可以说，当时如果没有最为先进的航海技术与大无畏的探索精神，周闻的舰队是不可能在没有按照原来标注的好望角航线进行航行的情况下，利用冰封大洋的海风，穿过东北航线到达西伯利亚，继而通过白令海峡回到太平洋的。

总之，在探索海洋上，东西方的文明碰撞，已经对世界格局的改变起到了不可忽视的作用。

3

欧洲人花了几个世纪才找到了从大西洋到太平洋的航线，而中国人却先行一步找到了。而从欧洲通往亚洲的航线，所花费的时间更长，直到20世纪才得以实现。

有一个沉重的假设：假如明朝以后没有禁海，不实行闭关锁国，东方文明又会怎样？对海洋的探索、资源的开发，或者说海权的发展，将怎样改写世界格局呢？

　　至少，在大航海时代开始之前，中国的海洋实力仍十分强大。譬如，郑和的远洋航行，就让东南亚诸国成为了中国的朝贡国。至于那些在郑和船队还没有到达之前就一时称霸海上的国家，在这样庞大的舰队面前简直"不堪一击"。

　　满者伯夷，他们曾一度统治了马来半岛南部、婆罗洲、苏门答腊和巴厘岛，当郑和船队到来后，其区域霸主的地位立刻就被中国取代了，随后成为中国的朝贡国，而明成祖朱棣也遣使赐镀金银印于满者伯夷。明英宗时期，定为三年一贡，之后朝贡无常。

　　马六甲，郑和远洋航行的船队就有六次在这里停靠。在其没有到来之前，马六甲与巨港和文莱一样，一直是向爪哇朝贡的国家。当强大的郑和船队到来后，它很快"摇身一变"，成为了该地区的霸主。泰国对此十分不满，曾设想通过控制马六甲来抑制中国的海上扩张，却因在郑和的手下元气大伤，从此再也不敢图谋攻打马六甲了。

　　……

　　历史就是如此的变化无常，让人唏嘘。

　　郑和的舰队历经磨难回到了中国，他们拂去海风的"吹拂"，带回了巨大的财富。但，那疲惫中的喜悦却在转瞬间就消逝了。当初雄才伟略的永乐皇帝曾果决地下令向海洋进发，然而后来，谁能想到强大如明帝国竟会"落魄"到山河破碎的地步：北方内陆地区饱受来自异族的威胁，农民起义四处频发。曾经强大的明帝国，再也没有能力耗费巨资进行远征了。而中国也放弃了海洋，回归到了内陆。

自大、孤傲的明帝国的掌权者们认为中国地大物博，物产丰富，根本就不需要从外界获得什么。况且，多次派遣的庞大舰队，每次出海都会花费大量的金银——可他们怎么就"忘了"当郑和的舰队从非洲运回的狮子首次出现在南京时，人们的那种惊奇与狂热呢？他们甚至以为这就是传说中的神兽麒麟。他们怎么就"忘了"明帝国的国威因此而名扬四海了呢……不管永乐帝是出于什么样的目的让郑和率领舰队出征远洋，其七次征途所带来的影响力不容忘记。

很多官员对这样的远洋航行进行了不间断的批评……中后期，在内忧外患的动荡局势面前，明帝国的远洋航行便如"昙花一现"般落幕了。更让人痛心的是，那些反对者们将集聚了无数心血的海图，以及所有关于远洋航行的资料全部付之了一炬。（后来一个叫茅元仪的人编撰的《武备志》中，有一张神奇的地图，就是郑和使用过的"海图"，它上半部分是印度和西亚，下半部分是非洲和阿拉伯半岛。）

就是这种致命的态度，致使中国渐渐沉沦在世界史的大潮中。从此，明帝国从欧亚大陆的海外贸易中脱离了出来，再次成为以内陆为主的国家。

同期，在亚欧大陆的另一端，一个举足轻重的人出现了，他就是亨利王子。即便是到了今天，我们都必须给予他较高的评价。葡萄牙人则更应牢记此人，因他对海洋的探索与进取，为葡萄牙留下了无穷的财富。在他死后不到百年的时间里，葡萄牙人证实了一件事——绕过非洲有一条航线可以通往印度，而到达了印度，就离中国不远了。

亨利王子出生于1394年，葡萄牙人对他赞誉有加，他是15世纪一些大的航海活动的发起者。关于这一点，有必要作出说明，这位王子其实从来就没有带领船队出航过。但他雄才大略，对海洋充满了无限的神往，为

葡萄牙发行的亨利王子的邮票

此创办了航海学校，集合了大量的优秀人才。这些人才包括天文学家、地理学家、地图绘制员……

作为葡萄牙人的亨利，却让英国人推崇万分，这主要是因为他的母亲菲莉帕是英国人，而菲莉帕又是爱德华三世的孙女，英国人的血缘情怀让他们对亨利王子有一种天然的敬意。

亨利王子让葡萄牙财富剧增，而葡萄牙探索海洋世界是从大西洋开始的。

1418 年，有一个叫若奥·贡萨尔维斯·萨尔科的航海家受到了亨利王子的资助，并开始扬帆出航。随后的航行途中，他在大西洋上遭遇了风暴袭击。这种事在当时份属平常，限于航海技术和设备的简陋，探险家们用于出海的帆船在风暴面前简直不堪一击。然后，走偏了航道的船队发现了马德拉群岛。这一串岛屿在很久以前就被腓尼基人发现过，也有说是被热那亚冒险家发现的。

我们可以回想一下当时若奥·贡萨尔维斯·萨尔科的窘况：

他们在惊涛骇浪中挣扎，小帆船随时都有可能被风暴吞没。一行人绝望无比。也不知道过了多长时间，风暴稍稍减弱了一些，他们探查了周围之后，顿时喜出望外。原来，在他们的前方，意外地发现了一座小岛，于是，他们如抓住救命稻草一般，立刻驶进了岛上西南边的小湾里，躲过了这场灾难。

马德拉群岛在当时还没有人居住，于是，它很快成为了葡萄牙对非洲探险与殖民的近海基地，之后，葡萄牙在佛得角群岛的沿岸建立了补给站。

从上面的情况可以得出一个很简单的结论，那就是岛屿是最容易居住，或者说最适合建立港口的。

在经过不断探索与前进后，葡萄牙人最终占领了非洲很多区域，从此，大量的财富不断被运回葡萄牙本土，葡萄牙也因此而慢慢崛起了。让我们记住一些航海家的名字：迪亚士、达·伽马……

15世纪时，通往东方的第一条航线被打开了，这主要归功于达·伽马，正是因为他绕过了好望角，才能发现通往印度的海上通路。虽然，这仅仅是一个开始，但意义重大！换句话说，通往中国的航线就要被发现了。

值得一提的是，另外一个著名的航海家哥伦布，作为美洲的发现者，却到死都坚信，他所发现的大陆就是亚洲。

难道历史总是那么"好玩"？也许不是，一个残酷的现实就是：通往东方航线的海上之路并没有那么容易就被发现！

三、探寻通往东方航线的"死亡之旅"

1

能够通过一条海上航线就顺利到达中国，这一发现让西方人欣喜若狂，但并不安全的大海，也让不少人命丧黄泉。

对神秘的东方有多么的向往，同样就有多么的狂热。当时英国和荷兰正处在扩张期，他们有着加入对东方国家的贸易中的愿景：因为那里有大量的人口——意味着消费市场广大，那里有数不尽的金银财宝——将带来国家财富的暴增。

可惜，通往东方航线的海域被葡萄牙人控制了。英国人和荷兰人暂时不敢惹怒葡萄牙人，他们知道，在海上与之碰撞定然没有好果子吃。

对于英国与荷兰来说，他们面临的处境，可以这样来表述。

一开始，罗伯特·索恩说："西班牙人发现了印度群岛和西半球。"

好吧，既然如此，那就只能另寻航线了！

然而，罗伯特·索恩又说："葡萄牙人发现了印度群岛和东半球的大洋。"

......

海上先行者西班牙和葡萄牙已然在去往东方的航线上占据了绝大的优势，英国和荷兰要想到达中国，如果不能成功跨越这两个国家的封锁，就只能另辟航线了。

2

如果从北欧到达东方的航线确实存在，似乎它只可能是由西穿过美洲北部或者由东穿越亚洲以北的海域这两种选择。

1553 年，一个叫作休斯·威罗比的人闪亮登场了，他在远洋航行上表现得野心勃勃。正是凭借这份野心，他得到了英国冒险商公司的资助。双方的合作可以说是"臭味相投"，他们一拍即合。

于是，休斯·威罗比就从英格兰出发了。有意思的是，这还是他的第一次远航，而目标和期望却是如此之大——寻找新航线！

随之出发的船队并不算庞大，甚至少得可怜——仅有三艘船。同行的理查德·钱塞勒是船长副手。他们到达位于北极圈的拉普兰时已经是冬天了，小小的船队是无法前行的，只能就地过冬，等待来年春天再继续前行。

当然了，即便是到了春天，要在这北极圈的海域前行，情况依然不容乐观。就在他们重新起航不久，极度恶劣的暴风雨骤然来袭，一下子就将他们打散了，不过，休斯·威罗比还是成功地绕过了挪威最北端的海角，然后，他继续鼓足勇气，航行到了新地群岛。

这一路远行，总共耗费了好几个月的时间。很快，夏天就结束了，休斯·威罗比决定返回拉普兰，等过完冬天再继续前行。遗憾的是，由于在返回的途中耽搁得太久，海面已经结冰了，船无法前行也无法后退。

恐怖与绝望的场景很快就出现了：船上所有食物都被吃光；酷寒无孔不入；坏血病也随之而来。休斯·威罗比，还有同行的船员在这场灾难中全部死去。直到1554年春，一名俄罗斯渔夫才发现了他们的尸体。

接下来登场的是理查德·钱塞勒。

此人比船长休斯·威罗比要幸运一些，他在海上虽然也遇到了暴风雨，但在被暴风雨打散后，他进入到了北海，随后一直航行到俄罗斯北部海岸阿尔汉格尔斯克，理查德·钱塞勒赶紧记录下了这条航线。由于受到俄罗斯民众的热烈欢迎，理查德·钱塞勒获得了沙皇的特许，即准许英国船舶来俄罗斯北方港口经商。就这样，他成功地建立了由伏尔加河到阿尔汉格尔斯克的贸易航线。

理查德·钱塞勒在回到英国后，心有不甘，他还想继续寻找一条通往中国的东北向航道。悲哀的是，此行他一去不回，途中他遭遇了海上风暴的灭顶之灾，浩瀚凶狠的大海成了他的葬身之地，寻找东方航线就这样失败了。

1556年，斯蒂芬·巴勒继续探险。此人胆子更大，他在只有8名水手的情况下就敢于出海航行，而他的船名字叫作"赛切斯里夫特"。斯蒂芬·巴勒到达了喀拉海，之后又发现了新地岛与亚洲大陆之间的海峡。由于海面结冰，船无法再前行了。然后，他遭遇到了萨莫耶德人。

这可太倒霉了。萨莫耶德人十分的野蛮，其各种野蛮行径让他为之颤栗。譬如，抢夺女人、巫师招魂、割破唇舌将鲜血四处喷洒……当是时，斯蒂芬·巴勒只想快速逃离，赶紧回家。

1580年，杰克曼与皮特冒险出发，遗憾的是，他们同样遭受到了惨重的打击。杰克曼魂丧大海，皮特败于结冰。

惨烈的失败让英国人彻底害怕了，寻找东方航线显得如此无望！这之后，再也没有人敢从这样的航道去寻找通往东方的航线。

3

荷兰对中国的向往并不亚于英国。他们为此同样付出了十分惨痛的代价，一直到 16 世纪，才由一个叫威廉·巴伦支的人取得了一丁点儿突破。他所处的时代，正是荷兰被称为"海上马车夫"的时代，阿姆斯特丹商会则是他最主要的资助者。

威廉·巴伦支从荷兰出发，朝北航行的距离超越了以往所有的人，到

荷兰著名航海家威廉·巴伦支.
今天的巴伦支海就是以他的名字命名的

达了新地群岛的最北端。倒霉的是，他的遭遇与英国人几乎如出一辙——航行时碰上了可怕的海上冰封：极度的寒冷、船体被冰封挤压破碎以及缺少食物后的饥饿……最后，能活着回到荷兰的人剩下不到一半，而威廉·巴伦支没能熬过那个可怕的冬天。

威廉·巴伦支失败了，他的死亡给后来探险家带来的恐惧并没有消失，很多年后都没有人去寻找通往东北的航道。

于是，他们不得不改变航线，朝着西北方向出发。

不过，西北方的海域依然不容乐观。这时候，有人建议还是重新从东北出发，继续寻找通往中国的北方航线。英国人亨利·哈德逊多次出航皆无功而返，因而遭受了到英国人的排斥，最后也是消失在了茫茫大海中。与他一同消失的，还包括了他的儿子，以及最后忠于他的 5 名船员。

4

看来，所有试图由北通往中国的航行都注定了一个相同的命运，那就是失败。

在这众多的探索式航行中，噩耗远大于喜讯。如此多的生命与财力一去不复返，如此多的航海家与船员命丧大海。

这终是证明了，要想改变世界，所需要付出的代价是多么的惨痛，而这种惨痛又是多么的让人唏嘘。

但，世界的发展似乎从来不会就此停歇，哪怕是来回地走重复路……至少，这精神可嘉，这大无畏精神让人敬佩，不管是出于生存，还是财富的需求，抑或其他。

基于此，我们甚至可以推算出像英国、荷兰、葡萄牙、西班牙等海洋国家，他们之间迟早会爆发激烈的交战。毕竟，这关系拓展全球殖民地，关系财富，还关系文明价值的输出。

从这个层面来讲，关于海洋权益的"争夺理论"（即海权论）注定会在某个恰当的时机诞生。

第三章

海权还是陆权：日本的两难抉择

一、海权意识萌芽

1

日本海权意识的萌芽其实不算晚，总的来说，18 世纪中后期至 19 世纪初是以防范俄国为主；而对海域的防范，大致是在 1853 年佩里叩关，那时，一个叫派马修·佩里的东印度舰队司令率兵登陆了日本，并向天皇递交了美国总统要求日本开放的亲笔信。这事惊醒了日本，西方弱肉强食的理念随即在这座岛国上扩散了开来。

也可以说得再细致一些——

先从日本的国民意识谈起。

譬如，他们拥有十分敏感的防范意识和紧迫的扩张意识。那个时候，随着俄国在北太平洋，特别是在千岛群岛上扩张步伐加快，并不断派舰船侵扰日本的北部沿海地区，日本人深深感受到了危机。

日本所面临的，是当时最常见又最有效的殖民入侵方式之一，即从沿海地区打开他国国门进而武力进入。而日本的海权意识萌芽，大致以此为发轫，当时主张在海防方面进行积极防御的代表，有工藤平助、本多利明、佐藤信渊、林子平、横井小楠等人。他们不但觉醒意识较早，且提出了应对方略：以北海道为重点防俄南下。相比之下，那时的中国可能就显得缓慢、迟钝得多了。当然，也不是所有的日本人都能意识到，像他们这样的岛国会被西方视为宝地，代表人物就是中井竹山、中井履轩等人，他们认为像北海道这样的地区完全属于"穷乡僻壤"，就算被开放也只能是得不偿失。

工藤平助虽然是名医生，但却极具远见，有着超强的忧患意识。这位江户时代中后期仙台藩的藩医，不仅能够医治患者，还是位经世论者，他的著作《赤虾夷风说考》算是其海防论的主要见证，赤虾夷就是日本当时对俄国的称呼。18 世纪俄国南进的时候，一位被俄军俘虏的匈牙利人——贝尼奥斯基在给日本的荷兰人的信中，记述了俄国对日的侵略意图。

日本或多或少应该感谢这位越狱逃亡的匈牙利人。贝尼奥斯基于1768年在波兰参加巴尔同盟对俄国的战争，不幸被俄军俘虏。之后，他被囚禁在西伯利亚的监狱中长达三年。1771 年，他越狱逃亡，从堪察加半岛出发，途中经过了千岛群岛、日本、琉球……

历史事件中，不乏有巧合之事发生，这封给荷兰人的信竟然落到了工藤平助的手中。在读过信后，警惕意识促使他开始将注意力转向俄国。于是工藤平助想方设法通过各种途径去了解俄国的诸多信息：他同兰癖大名（意指关注、剖析西方情势，请教医学、天文等科学问题的人，像岛津重豪就为兰癖大名的代表人物之一）、富裕的商人往来，从他们那里得到了有关北方局势、俄国形势与贸易情况等多方面的信息。

1781 年 4 月，经过不懈的努力和没日没夜的奋笔疾书，工藤平助终于完成了《赤虾夷风说考》的上卷。两年后，完成了该书的下卷，此书遂成为日本海防论的典著。在书里，他对俄罗斯的战略野心做了较为清晰与深刻的讲述，并主张当时的幕府应该趁俄罗斯尚未站稳脚跟，以积极主动的态度争取北部的贸易、矿产权益……并加紧北部的国防，抵御俄罗斯对日本的逐步渗透。

1783 年，《赤虾夷风说考》的面世，再加上之前新井白石的《虾夷志》等地理著作，顺理成章地引起了日本社会对北方问题的关注。工藤平助并不满足于此，他希望日本的武士阶层也能有这方面的清晰认识。后来的事实显示，他做到了。

当时的德川幕府给予了《赤虾夷风说考》很大的关注。老中田沼，这位掌握政治改革主导权的人物，也认识到日本应该及早防备俄罗斯南下威胁的重要性，遂于 1785 年派探险队对俄罗斯沿海进行了全面勘测。遗憾的是，由于第二年老中田沼失势，勘测被迫终止。

尽管如此，工藤平助的影响力却仍在发酵。

之后，一个叫林子平的人登上了历史舞台。

那个时代的日本似乎是人才济济。林子平，一位日本人，名字像是中国人，且有六无斋主人的名号，其家族世代为德川氏的幕臣，他在诸多领域都颇有建树，特别是在海防论方面，与蒲生君平、高山彦九郎并称为宽政三奇人。

林子平的一生实际并不平静，自青年时代起就四处游学，视察各处地形。1775—1782 年间，他就多次南下、北上，到日本南方九州港口城市长崎、日本北方门户北海道做过实地考察。在长崎时，林子平十分注重与旅日荷兰人的接触。因为，当时的荷兰掌握了十分先进的航海、造船、火炮等技术，从荷兰人那里，他学到并明白了许多东西。另外，对俄罗斯的研究，他也没有落下。

这位好学、实干、不惧艰难的年轻人的努力没有白费，最后，终于成书了海权方面的重要著作——《三国通览图说》《海国兵谈》。

《三国通览图说》在1785年刊行，涵盖地理、文化、历史、现状等问题。如其书名所示，此书是以朝鲜、琉球、俄罗斯三国为中心，并加入了对无人岛的描述。简单来说，该书包括了这四部分。可能是出于强烈的忧患意识，该书对俄罗斯的叙述内容颇多，大约占了三分之二的篇幅。

林子平写作《三国通览图说》一书的主要目的在于，他在长崎了解到了俄罗斯南下的野心。为确保北海道依然为日本的领土，防止其成为俄罗斯的殖民地，他主张应抢在俄罗斯之前，将北海道纳入日本的领土范围，并对其进行经济开发，教化那里的阿伊努人。

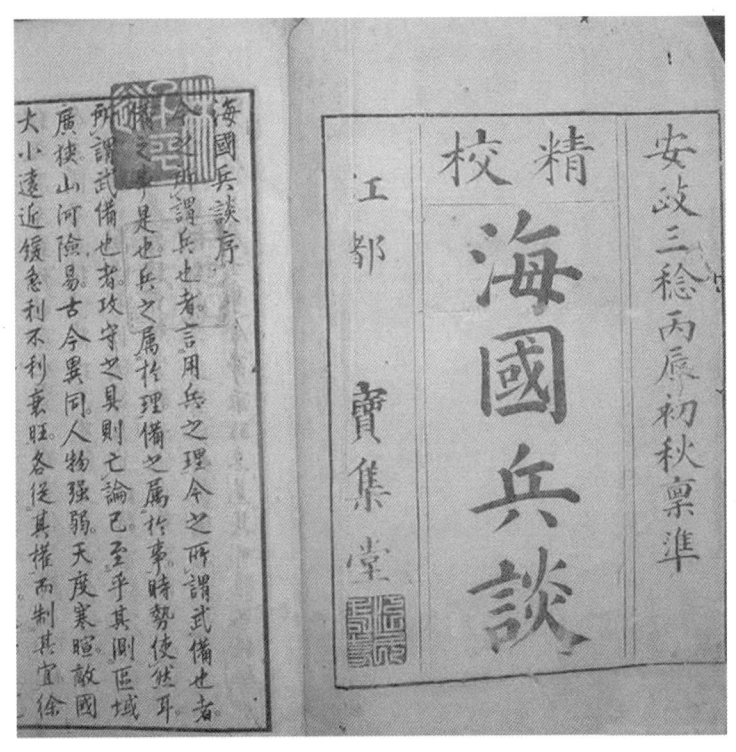

《海国兵谈》式样

《海国兵谈》则成书于1786年，前后花费了约9年时间，主要阐释了"开锁国，放海禁，发展海防"的观点。书中对各种战法，特别是海战，还有制度法令进行了精辟的论述，这部书可以说是一些日本精英阶层人士居安思危下的产物，并讲述了在西方侵犯东方并殖民各国时所应采取的应对态度和策略。

书中的结论总结起来有以下四个方面：

其一，加强海防，防敌入侵，激发民众或高层海权意识。

其二，重点防范俄罗斯的入侵。

其三，必须重视武备，以保证日本本土安全。

其四，强调海战与大炮的配合。

林子平认为，海国必须拥有相称的武备。首先，应明了海国既有容易遭受外敌入侵的弱点，也有易御敌于国门之外的长处。前者是由于入侵者若乘军舰并顺风，一两天便可到达日本。若无防备，便难以抵挡。为防御外敌入侵，必须靠水战，而水战的关键就是大炮。抓好这两点，就抓住了日本国防的关键。

"从江户的日本桥到中国和荷兰是无界之水路"，这句话就是日本与中国、蒙古等大陆国家国防思想的不同之处，也成为日本加强海防的一句名言。

遗憾的是，这样一位具有先见性的精英，其理念并未能受到德川幕府的重视和采纳，反而被幕府处以重罪，于1793年忧愤而死。

如此一来，是否日本行将坐以待毙，还是说会是另一番情况？

2

纵观历史，我们可以看出，日本这样的民族是不可能坐以待毙的。

在德川幕府的后期，一个叫本多利明的经世思想家站了出来，他对欧洲的情况比较了解，因而建议日本应该走西式道路，提出对外贸易，开发北海道、鼓励工商业等发展措施，以使日本走向富强。

本多利明所处的时代，正是幕藩体制矛盾加剧的尴尬期。针对日本经济的振兴，他提出"北方开发论"与"海外雄飞论"，这样的思想主要见于其著作《西域物语》《经世秘策》中。具体来说，经济的解决之道，应当在于开发北方岛屿，增加物产，一定要结束闭关锁国的状态，大力发展海外贸易。特别要说明的是，本多利明的思想中，具备有对外扩张的意愿，为此，他甚至觉得日本应该将都城迁移到与伦敦相同的纬度，目的就是为了让日本成为"东方的英国"。另外，他还主张日本废除汉字，全面采用西方字母。

这是一位思想有些极端、渴望"西式化"的人物，他的思想对日本后来的疯狂扩张起了引导作用。更可怕的是，他在成书于1789年的《经世秘策》里，写出了极其惊人的野心目标——征服世界，使日本成为世界第一强国。具体有以下四个方面的措施：

其一，要实行殖民开拓制度，积极向海外拓展殖民地。

其二，制定日本北攻、西侵的方向，其主攻方向为堪察加半岛、中国东北、库页岛等。

其三，日本应成为真正的海洋国家，眼下要大力发展航海、运输、贸易，积极学习天文、地理、航海等技术，在适当的时候应毫不犹豫地控制海上航线。

其四，应采取多样手段获取"海备"所需的各种矿产。譬如，焰硝、诸金属等。其中，焰硝就是制作火药的原料硝石。

像本多利明这样的思想家，后来还涌现出了不少，他们不断地著述，将对外扩张的海权论阐释得愈发明显。如佐藤信渊，此人不但著作丰富，还是一个对造船造炮之类极感兴趣的狂热分子。在著作方面有《西洋列国史略》《洋枪穷理论》《防海策》《三枪用法论》《经济要略》《吞海肇基论》《宇内混同大论》《宇内混同秘策》等。

特别是《宇内混同大论》和《宇内混同秘策》这两部书，体现了他极度狂妄的特质，书中反复强调世界万国的根本就是"皇国"日本。

佐藤信渊认为，要让全世界认同"皇国"日本，首先就要征服中国。具体来说，体现在以下两个方面：

其一，着手准备侵占中国东北与江南富庶之地。他认为："经略他邦，宜从薄弱处攻取。当今世界之国，皇国最易攻取之地，非'支那'之满洲莫属。满洲之地，与我日本之山阴、北陆、奥羽及松前等地一水之隔，相对而望。侵扰时应以防备弱处下手，令其东西奔走相救。在其左右奔突之间，可窥知虚实强弱，而后可避强攻弱……满洲人有勇无谋，'支那人'胆小怕事……黑龙江地区将悉为我所有。得黑龙江诸地后……逐渐向西渗透……满洲或早或晚，终归皇国所有……'支那'全国衰微亦自此始，朝鲜、'支那'随后可图。"

其二，从琉球出发攻取台湾，以此作为基础，进而取得江浙之地，继而岭南地区……两三年之间江南就可以完全解决。而后，渐渐进去，不难荡平整个"支那"。

如此详尽的策略及野心，可以说为日本之后图谋中国提供了不小的理论指导。佩里叩关后，日本的海权思想变得更加明确，但它又不完全等同于阿尔弗雷德·赛耶·马汉的海权论。譬如，后者将海军力量、殖民地、海运作为三大重要板块，前者则更为宽泛。关于这方面，我们可以做进一步的探讨。

当时，美国强迫日本通商，日本上下对此意见很不统一，有人觉得应该锁国攘夷，有人认为应该开国通商。横井小楠，这位海防论的积极倡导者，在深受中国思想家魏源《海国图志》的影响后，成了开国论者。在其著作的《国是三论》中，对海运和海军有着精辟的论述。

横井小楠认为，中国面临大海，文化制度久已发达，人民所需无一不足……因此，上至朝廷，下至百姓，有自傲自大之风，不愿主动求市场与知识于海外，终于沦落到受他国侵略的地步；俄国领土虽辽阔，但港口只有黑海之亚速夫、白海之奥涅加、波罗的海之塔林及里加，以及东北隅之勘察加，且各港口皆不利于海运……所以，俄国积极向印度洋开辟航线……俄国与清朝签订《瑷珲条约》，租借黑龙江，开辟符拉迪沃斯托克港，打开通向日本的航线……从朝鲜南下太平洋；欧洲面积小，物产寡，故必须求助他国。为此，欧洲各国自然努力发展航海力量……尤其英国……更重视发展航海事业，扩大殖民地；对日本而言，必须摒弃陆军短兵相接的腐朽看法，应向英国学习，大力发展海军。日本位于地球中央，周围环海，交通的便捷超过英国，建议幕府改革制度，增强国民海权意识，并不时派遣舰船航行世界各国，以便占据一席之地。

其实，这样的观点已经具备明显的海权意识，并认识到海权对日本安危、向外拓展的重要性。特别是在黑船事件（**指 1853 年，美国以炮舰威逼日本打开国门事件**）后，更多日本精英人士倍感危急，像德川齐昭、胜海舟、中岛三郎助、江川英龙等一批又一批的精英人士都积极为日本寻找出路献计献策，并付诸实践；他们学习西方先进技术、理念，并学以致用……

从黑船事件中，日本人的国民意识进一步觉醒。因为，在那时（19 世纪上半期），日本主要在锁国政策下局限于东北亚一隅，而世界格局正发生着天翻地覆的变化。特别是英、法、俄、美等国成为世界强国，它们在

日本所绘"黑船事件"

经历产业革命、交通革命后，为了国家发展所需的原料、市场、殖民地与转运站，而开始积极经营远东地区。

美国和日本在横滨签订了《日美亲善条约》后，其他西方强国，譬如英、俄、荷等国也跟随在后与日本政府签订了类似条约。

黑船事件后的日本，政局逐渐变得动荡不安，而幕府的灭亡似乎已经不可逆转。再之后经过不断地演变，日本就逐渐变得越来越像"西方国家"了。

3

在面临国家发展之窘状时，在大力发展海权力量的践行中，日本以积极进取、改革的精神作为应对，以期扭转国运。

064

安政五年（1858 年），日本幕府为了尽快交换日美修好条约批准文书，派遣万延使团进行了远洋活动，他们走出国门，横渡太平洋。随后，幕府向国外购买军舰，当然，自己也造舰。譬如，1854 年 5 月，在浦贺就新建了一艘双桅的欧式帆船凤凰号，在萨摩藩建造了一艘三桅杆船昌平号，之后又依靠本国力量，耗时三年（1863-1866 年）建造了蒸汽船千代田舰。

另外，萨摩、长州、土佐、佐贺、水户等藩也尝试建立日本近代海军，他们通过购买西洋军舰、大炮，兴建海军教育机构，以及派人去国外留学等手段，试图让动乱不已的日本变得强大起来。然而，萨英战争的失败，让日本清楚地认识到自己与欧洲的巨大差距，于是，日本努力与欧洲各国和亲，锐意进取，取彼之长，补己之短；结好英国，引进其先进武器和军事技术，派遣留学生至英国学习、深造。

日本在经历多场战争——譬如，戊辰海战（**其间大致有阿波冲海战、宫古湾海战、箱馆海战**）后，旧幕府终于垮台，新上台的明治政府开始积极改革，史称明治维新。通过学习西方，实行福泽谕吉提出的脱亚入欧计划，并由此走上了发展资本主义的道路。

4

国际问题学者乔治·凯南称日本是拥有"与英国在大西洋地理位置相同特质"的欧亚大陆"滨外岛"。就是这样的一个国家，当它决意采取与伦敦相同的路线来发展其海上力量时，它的崛起与成功足以让世界侧目。

应该说，早期四十多年，日本在海权方面的建设，极大程度上仿效了英国皇家海军。

日本有识之士认为海军力量中应有大批的精英人士。于是，他们开始大力兴办海军学校。这一点，可以从 1868 年 7 月 14 日的一份日军务官给天皇的奏折中得到证实：

> 大兴海军乃当务之急，而创办海军学校是兴建海军的第一位要事，首先应网罗精通技艺之士，以从事海军训练、编制和造船冶炼等方面的工作。有鉴于皇国精通上述技艺之士甚少，故兴办学校为建设海军之根本，应迅速创办学校，以建立海军之基础。

随后，日本兴办了许多与海军建设相关的学校，用以培养海军人才。譬如，航海学校、轮机学校、水雷学校、财会学校、军医学校、炮兵学校、通信学校等。另外，日兵部省在"大办海军"的建议中认为，应广选良师，教育海军军官。这说明，日本人还敏锐地意识到了军舰的灵魂是军官。

在引进先进技术和军事技术方面，日本聘请了大量的英国教官。譬如，1873年，英国海军军官道格拉斯率领一个由34人组成的教官团到达了日本，其目的就在于帮助日本重新制定海军兵学寮的规章制度，并进行施教。之后，陆陆续续的，日本又聘请100名左右的英国人担任他们的教官。

为了尽快掌握先进的海军技术，日本派遣军官到英舰实习，并为此制定了海军留学生规划。截至1887年，共派了25名留学生到英国。值得注意的是，日本海军各级指挥官和各类技术军官大部分是由明治维新后创办的海军学校培养出来的。如东乡平八郎，在黄海之战时任浪速舰舰长；坪井航三，指挥以吉野舰为首的第一舰队。

在海军建设方面，参考英国海军编制。日本先后成立了小舰队、中舰队和常备舰队。1894年7月，日本正式打造海军联合舰队，其中，拥有军舰31艘，鱼雷艇24艘。此外，日本还制定了征兵令。在1872年颁布的征兵令中要求：凡年龄达20岁以上的成年男子一律须服兵役。这几乎是要向"全民皆兵"发展了。

日本还十分注重实战，许多在日本海军学校的学生都进行了远洋学习，相当部分人都到达过秘鲁，甚至更远的地方。

经过二十多年的努力，日本海军开始飞速朝着近现代海军的方向前进。终于在甲午海战中，击败了亚洲霸主清帝国。英日结盟后，于对马海战中迫使被视为"世界帝国在望"的俄罗斯帝国吐出得来不易的扩张果实，从而取代俄国成为世界第三大海军强国。

随后，日本继续发力，一度成为太平洋海域的主要控制者。

二、马汉的海权理论对日本的影响

1

马汉理论的横空出世，可以说对世界造成了深远的影响。对日本而言，他们也注意到了其经典著作《海权对历史的影响》的重要性。一些有远见、有战略眼光的日本精英人士，开始着手引进这部奇书，并决心将之普及。

他们认为，如果海军看过这部书，并能通晓其内容，就能极大地增强海权意识，并激发出向外拓展的野心。于是，上至日本政治阶层，下至海军，一致认为应对马汉的理论进行详细研究。

譬如说，对于马汉作品所揭示的美国国策的导向问题——美国国力及其未来海外目标。从中，日本不仅看到了美国的扩张指南，还敏锐地觉察到，马汉制定了一种普世的战略原则，他们相信能从中获得"某种不变的原则"，一种非暴力不行就使用暴力获得的原则，那种强权即公理的丛林规则，的确让日本走上了一条不归路，亚洲多国为此遭受了深重的苦难。

此刻，我们会注意到一个叫金子坚太郎的日本政治家。他是那位对日本历史产生过重要影响的伊藤博文（**甲午中日战争时期的日本首相，强迫中国政府签订了不平等的《马关条约》，也是侵占朝鲜的元凶**）的侧近人物，曾参与起草大日本帝国宪法、整备皇室典范等诸法典，并以"宪法的看护人"自居，致力于日美友好，担任过"日美同志会"的会长。

所谓近墨者黑，金子坚太郎把阿尔弗雷德·赛耶·马汉的著作《海权对历史的影响》介绍到了日本，并督促日本的读者要"认真加以研究，以使日本确保在太平洋的海权"。事实上，这书在他的引导下，在日本起到了海权战略的普世教育意义，东乡平八郎就在对马海战取得巨大胜利后，对此书赞不绝口：

所有国家的海军战略家都持相同意见，即马汉将军的著作作为军事科学领域世界范围的权威，将永远享有至高的地位。我向他渊博的知识和敏锐的眼光表达深切的热忱的敬意。

从东乡平八郎满嘴都洋溢着的无比的赞誉之词中，我们可以回顾一下1905年那场著名的战役——对马海战，就能知道原因了。

对马海峡位于朝鲜半岛和日本本州之间。当时由于日俄双方在此前就已经结仇，特别是日本在甲午战争中取得胜利后，压抑许久的野心开始急剧膨胀，十年海军扩充计划开始实施。尝到甜头的日本，更加确定占领中国是其主要侵略目标，然而，对当时积弱的中国有图谋的并非一家，俄国同样有这样的计划。于是，日俄两国在利益上产生了矛盾冲突，再加上俄国曾逼迫日本放弃辽东半岛，两者越加的不对付。

1898 年，清朝与俄国签订了《旅大租地条约》，将旅顺、大连地区租给俄国 25 年。此举等于是积极向朝鲜半岛扩张，这影响了日本的扩张计划。因为，作为日本与亚洲大陆的重要跳板，朝鲜若为俄国掌控，就意味着日本向亚洲大陆的扩张将成南柯一梦。

其实，这还不是最可怕的，日本还十分担心、恐惧本土会遭受到俄国的侵扰。于是，双方似乎已经没有了和解的可能，再加上日本又和英国结为了同盟（《英日同盟条约》），有了英国的支持，可谓是信心倍增，最后，日俄双方在对马海峡展开了一场海战。

日本海军方面，由海军大将东乡平八郎指挥联合舰队；俄国海军方面，则由海军中将罗泽德斯特凡斯基指挥第二太平洋舰队。这场海战，以日本大获全胜而结束。

关于这场海战的结果，思之让人非常震惊：

日本人绘制的"对马海战"

其一，这是海战史上损失比最为悬殊的海战之一，俄国第二太平洋舰队几乎全军覆没，三分之二的舰只被摧毁，而日本的联合舰队仅损失三艘鱼雷艇。

其二，日本方面指挥官东乡平八郎胆大、出奇，以灵活、机动、快速的"丁字战法"（局部战中以多打少的战法，但对舰船要求较高，必须快速灵活，尽快转弯，快速形成"丁"字形状或者"T"字形状，这样的好处在于，可以多艘战舰同时攻击敌方的一艘战舰）、"七段战法"（大致是指七种有机部署展开的突袭、主力攻击、夜袭、主力追击、歼击残敌、逼入水雷区……的战法。譬如，先采用突然袭击敌方舰队的形式，然后以主力舰队开战，之后再次突袭敌方舰队，接着歼灭残敌，如果前面实施都顺利的话，可将剩余残敌设法驱入水雷区中）的海军战术运用，最终成功歼灭了俄国的第二太平洋舰队。

其三，相信运气，日本人热衷于赌国运，这或许也是日本人在"二战"中敢于挑战美国的一个原因。据说，海军参谋佐藤铁太郎在一次海军大学讲课时，有学生向他提问说日俄战争的胜因是什么。他当时思考了半晌，而后的回答惊讶了当场：40% 是因为运气，剩下的 60% 还是运气！这句话的确可以理解，比如，海上天气原因，当时海上一直有一层薄雾，这层薄雾给了双方一种距离尚远的错觉，这让东乡平八郎认为必须要先开炮了。假如没有雾呢？假如俄国人抢占先机开炮呢？假如俄国人士气不低沉呢？或许在这样的胜利下，日本人对于运气的错觉开始根植于心。于是，便有了后来"二战"中的偷袭珍珠港事件。

其四，日本海军进入了世界海军强国的行列，称霸远东地区。

其五，日本通过此战，为 3 个月后的《朴茨茅斯和约》的订立铺平了道路。

其六，阿尔弗雷德·赛耶·马汉的海权论在这场海战中得到成功验证，即战列舰在海战中的霸主地位是无可替代的。另，海军技术的发展也因此受到新的启发。

譬如，英国第一海相费席尔坚信火力和航速是取胜的关键。于是，以无畏型战列舰和战列巡洋舰为主的海军力量成为军备竞赛中非常重要的一环。最有力的证明就是，随后的1906年，英国开始建造无畏号战列舰。这种舰船的主要特征包括：

其一，提升舰船的总体攻击力，取消二级主炮，改为大口径主炮。

其二，取优去短，譬如，保留之前用于防御轻型军舰的小口径副炮。

其三，采用高功率蒸汽轮机，以提升船的航行动力。

无畏舰由此成为现代战列舰的始祖，并确立了今后长达35年的世界海军强国战列舰火炮与动力的基本模式。

2

其实，第一个将阿尔弗雷德·赛耶·马汉的海权论介绍到日本的，应该是海军情报官小笠原长生。

此人曾根据军令部伊东祐亨的授意写一部通俗的海军历史书，以此赢得公众支持日本海军优先获得预算的政策。1898年，他完成了《帝国海军史论》一书，随后该作品被进呈到天皇那里御览，不久，便进入出版程序，并分发全国学习。

小笠原长生说，从古代起，海权的兴衰就和国家的荣辱息息相关。他根据自己对《海权对历史的影响》一书的理解，认为在历史上一段时期内，日本由于它的地理位置、岛国特性以及民族特征，自然而然地发展了它的海上力量。在1633年错误的闭关锁国政策前，这些因素推动着日本去进行海外的冒险。海权对于**"不仅在战时要消灭敌人和获得霸权，也要在平时**

保证本土的殖民地间航路的安全"是十分必要的。

按照他的观点，中日甲午战争中鸭绿江战役的胜利就是对马汉有关制海权观点之正确的有力证明。然而，只是因为日本的海上力量还不够强大，所以只能被迫将辽东半岛归还给中国：1895年，在俄、德、法三国的干涉下，日本不得不归还原属于中国的这片领土。

甲午战争后，日本的海洋帝国雏形几近形成。特别是台湾成为日本的殖民地后，日本开始了太平洋方向上的扩张，有一个典型事件就是日本向夏威夷移民。只是，这一举动很快引起了阿尔弗雷德·赛耶·马汉的警惕。随后，美国通过一些手段，获得了夏威夷。

显然，像小笠原长生这样积极在日本普及马汉海权论的绝不止他一人。秋山真之、佐藤铁太郎、加藤宽治等人不断将马汉的海权论进行普及、诠释，并以之作为对外扩张的依据。特别是加藤宽治，对于日本的对外扩张万分积极，不断给日本军民洗脑，直至将海军至上的信条，以及海权的兴衰决定国家命运的思想，深深刻入国民心中。

日本人对海权论的推崇甚至到了这样一个地步，譬如，军令部报道课的福永隈少佐就曾毫不忌讳地说："如果没有马汉，大东亚战争就根本不会发生，至少不会有珍珠港的作战。"他还认为，美国在吞并夏威夷后，等于占领了对制海权非常重要的一个基地，此举完全忠实地执行了马汉的建议。假如马汉还活着，对珍珠港的袭击会是怎样的呢？马汉一定会陷入恐慌，并说："舰队决战的目标是摧毁敌人的舰队，从来没有、将来也不会有这样完美的示范（**即指日本成功偷袭珍珠港事件**）。"

然而可悲的是，就在福永隈少佐写下"这本书对于我们巩固对制海权重要性的认知上是必读的"时候，日本海军却在中途岛战役中失败了。

以马汉理论作为指导思想的欧内斯特·金海军上将在太平洋作战指挥

中的胜利，说明美国海军在太平洋上的作战基本上秉承了马汉的海权理论，即作战时首要保证获得无可争议的制海权。

日本偷袭珍珠港，图为被偷袭后起火的内华达号战舰

对此，军事史学家罗素·F.韦格利有更为精准的说法：

美国战胜日本是马汉海权思想的胜利，这种海权因为有了航空兵和两栖作战而变得极为可怖。

这其实说明了什么呢？

第三章　海权还是陆权：日本的两难抉择

只能说日本并没有真正理解马汉的海权思想。特别是日本的头号马汉理论战略家佐藤铁太郎，因为对其理念的混淆，导致日本"坚定不移"地走向了珍珠港。其中，佐藤铁太郎将日本的区域优势和在全球推行马汉理论的使命相混淆，马汉的海权理论有相当部分是作为国家赢得相关预算的工具，日本呢？当然也有一些，但更多是用来刺激其狂妄的野心，然后不自量力地背水一战。

由此看来，日本在太平洋战争中的失败显然是注定的。

三、"二战"前的日本海军

1

进入 20 世纪 30 年代后，日本的海军建设有了许多变化。通过对这些变化的分析，有助于我们理解日本是如何一步一步走向袭击珍珠港这条不归路的。当然，也可以看到这些变化是如何推动着日本海军逐渐走向奔溃的边缘。

日本海军从最初的追随英国模式，到后来又深受阿尔弗雷德·赛耶·马汉战略思想的影响，他们在习惯思维上一直秉承着英国到美国的取向。由于海军军官大部分都在海外服役受训过，全球化、现代化的熏陶，造就了他们的不可一世，所以，他们以轻视陆军军官来获得自身的优越感。

对于日本海军的结构、分工乃至其他要素，如组织战役、战术归军令部长管辖，行政角色则归海军大臣。另，海军大臣还负责和平时期的内部管理，以确保内部的和谐，官兵的团结一致。

这样分工明确的管理本来是不错的，然而到了 20 世纪 30 年代，却发生了重大改变。特别是从 1930 年的伦敦海军会议引发的危机开始，日本海军内部开始出现了较为严重的不和，如统帅部和中级官佐对海军大臣权力的篡夺。

《伦敦海军条约》签订时，日本正备受经济危机的困扰，而政府同意靠补充航空兵的兵力等办法来弥补国防缺陷。这样的海军预算其实是无法实施的。因为仅在 1930 年，日本就有 100 万失业人口，这就导致浜口雄幸内阁试图通过军备缩减来减轻赋税的计划未能实现。在缩紧财政方面，所谓"经济不景气之时当大幅度缩减财政上的预算"本身就与海军，尤其是军令部要求尽可能增加军费预算的诉求相矛盾。

日本想在《伦敦海军条约》后对海军进行扩充看来困难重重。在条约规定的内容中，需要日本停建部分军舰，这就使得节省下来的军舰建造费高达 5.8 亿日元。这部分财源被以军令部为主导的舰队派所窥觎，安保清种海军大臣干脆直接提交了总额高达 5.25 亿日元的财政申请，然而批准的总额不足 3.3 亿日元。

因此，由《伦敦海军条约》引发的日本危机，很大程度上刺激了国内右翼势力的神经：

军部内部出现了一个以发动政变为主要目标的法西斯派别，从此政局日益动荡，政党内阁逐渐衰落下去。

在这种衰败中，日本右翼对浜口首相的刺杀袭击可以看作是一条有力的证明。1930 年 11 月 14 日，浜口雄幸首相前往冈山县视察陆军演习，在经过东京车站时被右翼青年佐乡屋留雄狙杀，于第二年 8 月 26 日因重伤无治死去。根据佐乡屋留雄的陈述，我们可以看出日本海军内部存在的问题。他说：

如同浜口首相侵犯了统帅权那样，统帅权问题直接激发了凭直接行动改造国家的运动和军部公开干涉政治。

让人寻味的是，佐乡屋留雄应该被判以死刑，后来却被大赦。显然，这样的刺杀行动并没有停止，在 1932 年发生的"五·一五"事件中甚至愈演愈烈，政友会总裁犬养毅就是《伦敦海军条约》下的牺牲者。

日本国内的那些激进派们，很多是海军中级军官，他们因海军发展的限制而显得极度情绪化，甚至是狭隘化，在这样的局面下，即便是到了 20 世纪 30 年代中期，稍微有些理智的温和派，譬如，支持加藤友三郎的，只能是属于少数派别了。日本海军内部的矛盾，导致其领导力大大削弱，以至于日本终于没能理智地对待 1941 年与美国的战争。

2

日本海军教育系统的显著特点就是没有任何商量的余地，在那里接受教育的学员过的是一种严酷纪律约束下的生活。

学校越来越强化的教育，各种死记硬背及严格的训练导致学生的创意、个性等都得不到有效的发挥，反而被一次次扼杀。对此，当时的学员高木惣吉少将曾这样形容海军学校的教育：斯巴达式的鞭笞、填鸭式的死记硬背扼杀了我们的一切创造力。

在战役战术课程上，所授的都是狭隘的、忽略了综合性的战争科学。他们接受传统的阿尔弗雷德·赛耶·马汉的理论。譬如说，教材《海战要务令》中就仿照了《海权对历史的影响》，里面规定：一旦宣战就必须发动猛烈攻击。学员们不断地重复着对抗美国舰队的军事演习，然后，每次都在一场严格按照对马海战中复制的阿尔弗雷德·赛耶·马汉理论式的决战中达到高潮。在毕业典礼上，军官们要在天皇面前进行演习，大舰巨炮的理论让他们欢呼不已，受阿尔弗雷德·赛耶·马汉理论的影响，他们对之甚至到了痴迷的程度。虽然《海战要务令》已经前后修订了五次，然而并没有什么本质上的变化，带来的恶果就是让他们时时沉浸在海战的失败阴影中。对此，中泽佑少将（1939—1940 年任作战部长）曾心痛地说：

> 日本输掉战争，是因为海军的主导是一帮只知盲从条令而毫无创性的海军大学毕业生。

加藤友三郎后，日本海军将领们的领导能力日趋减弱。1930—1941 年，这长达十余年的时间里，日本海军军官之间按照职能或机构来进行区分变得非常明显，这就容易导致派系化的产生。他们以海军省的军政系和在军政部的军令系为主，派系的隔阂和断绝，让他们在人才的优化配置上出现了严重的问题。譬如，山本大将既通晓舰队、航空兵事务，也对行政事务擅长，但他从未在军令部任职；末次信正大将除了短暂的任职教育局长，从未在海军省任职，要知道，他可是和大名鼎鼎的加藤宽治同为军令系的领导者的，而且，末次信正还具有明睿的远见，曾发现火炮布置于战舰中心线与同口径火炮在射击上能发挥出更大优势。然而，日本海军造舰当局却忽视了他的建议，继续建造那些过时的战舰。伊藤博文的得意门生西园寺公望曾这样评价他：

末次就像一只猫，永远警觉，从不休息。

海军省的重要职位，如军务局长是应该由具备杰出才能的军官来担任的，选拔的来源主要是海军兵学校里极为优秀的学员。军令部的重要职位则由"老海狗"——"海上行伍军官"担任。简单来说，日本海军军官的高阶军官分为两种类型：

其一，文官出身。

其二，行伍出身。

这就是说，在较长的时期内，军政系代表的是海军省的精英阶层，而军令系则是代表了低一层的军官。由于后者备受轻视，他们的不满终将爆发。最直接的分歧就是在对美作战的态度上，而这样的分歧还在继续演化。

20世纪30年代中期，海军内部在对外政策上出现了亲英派和亲德派。这种分歧主要是因为军官们作为翻译官、助理武官和武官的海外经历不同造成的。之前，日本主要派海军造船官前往英国皇家海军学院接受三年的学习；后来，学习对象又换成了德国。特别是1923年后，英国皇家海军学院拒绝接受日本海军造船官，于是，德国就成了最好的选择。而且，德国拥有相关的先进技术，日本需要与德国进行合作，寻求技术支持和援助。而德国也表现出相当的"慷慨"，竟然为日本提供了不少先进的德国潜艇，如令人恐惧的U型潜艇，并派遣了优秀的工程师赴日。

日本宣布废除《华盛顿条约》后，开始和德国海军进行技术方面的交流与合作，而这也成为对抗英美的一环。

如此一来，亲德派和亲英派的分歧越来越大，后来甚至发展到互相拒绝说话的地步。典型的例子就有米内光政和末次信正。

3

在战争对决中应尽量避免冒险激进，这是一条基本的原则，但是很显然，日本海军已经等不了了。他们像加藤宽治、末次信正一样，信奉着第一次世界大战中速战速决的教训——更重要的是，在这场世界大战中并没有发生过"阿尔弗雷德·赛耶·马汉式"的决战。为了获得战争的胜利，日本必须在战争初期就寻机决战，这种狂妄、不理智的行为方式，在后来为征服中国而展开的行动中表现得十分突出，甚至扬言要三个月内灭亡中国！这是多么的不切实际。

饶有意思的是，在对待美国的问题上，日本的海军决策者们竟然也认为，只要在一场决战中取得胜利，就足以消灭美国的海上力量。然后，美国就会丧失抵抗意志。这种对决式的思想，导致日本忘记了，或者说根本就没有彻底理解马汉制海权的真谛，即决战只是一种确保掌握制海权的手段，只有掌握了制海权才能赢得胜利。更何况，美国对海战的战法已经进行了重要的革新——航空兵的协同作战。

虽然，不能十分偏执地认为日本在海战中的成败皆因"阿尔弗雷德·赛耶·马汉理论"，但至少也是在很大程度上蒙蔽了大多数保守的日本海军军官的眼睛的。这一点，是否和德国在运用同样理论时所进行的"阉割"有着难以诉说的痛，或许是不言而喻的。

如果说日本海军没有意识到航空兵种的重要性，未免显得偏颇。因为，日本海军航空兵之父山本五十六已经对此有了清晰的认识，他完全否决了大舰巨炮论，认为无论造多大的战舰，都不会是永不沉没的。在未来，航空兵的威力完全有可能使得战舰一炮未放就被击沉。他严厉批评愚蠢的炮术专家们，就连末次信正的渐减邀击战略（即强调先发制人和夜战，属于日本对清朝、对俄战争中的作战经验）也被他抨击得体无完肤。

另外，有一个人物同样十分看重航空兵在海战中的重要作用。他就是担任过海军航空本部长的井上成美中将，1937 年的时候就曾发表过惊人的言论，认为日本根本就没有机会在海军竞争中战胜美国，建造战舰纯属浪费资源。他甚至偏执地说：

战列舰的时代已经一去不复返了，取而代之的是飞机。

井上成美这话虽然过激，但不能否认他的卓越见识以及预见能力。譬如，他曾认为太平洋战争中，将会有"跳岛作战"的形式出现。

不过，当时日本海军沉浸于巨舰大炮的"无敌"中的人士占据了大多数，所以像山本五十六、井上成美这样的远见之士，他们的观点未能被日本普遍接受。很多人仍致力于以对马海战、日德兰海战的作战经验和理论来面对接下来的战争。尽管后来，日本也体会到了航空兵的重要性，可惜一切都已经迟了。

于是，日本注定只能以一种狂妄、侥幸的姿态走向珍珠港了……

在日本巨舰大炮观念下诞生的超级战列舰 "大和号"

四、魂断太平洋

1

　　作为现代化进程的后来居上者，日本确实凭借"模仿"而成功。简单说，日本以英国为榜样——不仅表现在海权方面，就连大陆事务上阻止中国强大的政策与手法也同英国构建欧洲均势有着相似之处。

　　对英国而言，之所以可以构建均势，有一个重要的前提在于大部分欧陆国家在疆域、人口以及军事力量上的相似性，这使得构建均势成为了可能。在这种格局下，西班牙、荷兰、法国、德国则以交替的姿态崛起。当时英国的高明之处在今天看来，是它可以在一段时间里通过不直接投入陆上作战与扩张的手段，就能以联盟的方式对一个开始对其他国家构成威胁的国家进行遏制。

而日本，面对的是东亚大陆的大一统强国——中国。一方面，在相对长的时间里，中国"控制"着这一广大区域，甚至在元朝的时候，忽必烈曾试图跨海进入日本。另一方面，19世纪中叶后，欧亚大陆"心脏地带"的俄国也开始朝远东地区扩张，这使得日本对自身安全处境的忧虑程度远远大过英国。因此，日本对于肢解中国使其不足以统一东亚大陆，以及遏制俄国的扩张上有着强烈的欲望，甚至是冲动。

不过，让日本纠结的是，由于明治维新主要是由长州、萨摩两大强藩的藩士主导推动的，萨摩又临近海洋，对海军建设的重视度明显高于其他地区。然而戏剧性的是，在长州藩又存在着陆军的把持者和大陆侵略的鼓吹者，他们为了争夺对军事预算以及中央政策的控制权，在推行大陆扩张政策方面显得咄咄逼人。

这一点，我们可以从山县有朋在1890年发表的一份《外交政略论》上得到证实：

盖国家独立自卫之道有二，一为守卫主权线；二为保护利益线……大凡国家不得主权线及利益线，则无以为国。而今介于列国之间，欲维持一国之独立，只守卫主权线，已绝非充分，必亦保护利益线不可。

这里提到的利益线，就是指同邻国接壤并与我之主权安危紧密相关之区域。换句话说，主要是指向朝鲜和满洲（前文已经有所提及）。山县有朋，这个历任陆军卿、参军、参谋本部长、内务大臣的日本政界重要人物，他的强势态度在于如果别国侵入本国的利益线，必须以强力"排除"之。

从历史来看，在日俄战争结束之际日本刚好实现了这一目标。

然而，或许是造化弄人，就在这节骨眼上，另一个崛起的大国——美国，也在鼓吹"门户开放"政策，希望维护"各国对华商业上之机会均等"，并且"为得此项机会均等"，需要"保护中国领土及行政之完整"。美国的言下之意很明显，就是要阻止任一国家在中国一家独大。这样一来，无形中就给日本造成了一种困窘：海权陆权如何双效发挥出较好的作用？或者说孰重孰轻？

1911年，海军战略家佐藤铁太郎在《帝国国防史论》里提出了"疏远自卫，热衷侵略，必宽亡国之基"的观点。按照他的说法，眼下日本最适合的国家战略应该是"海主陆从"，主张"节制扩充军备之费，将其用于致力生产事业之进步，所引致之资本增加自可维持国运之伸张"。这位阿尔弗雷德·赛耶·马汉海权论的信奉者甚至觉得，日本就没有必要保留数量过大的陆军。因为，能够威胁日本安全的并非来自陆上，而是海上。在获得一系列的海上交锋的胜利后，让日本觉得发展海上力量是一条不错的道路。

不过，那些大陆扩张政策的鼓吹者在现实中也取得了不错的成效。如，1914年第一次世界大战的爆发，日本因对德宣战，取得了独占中国市场的地位。

我们来看一组数据：1917年日本商品出口总额达10.88亿日元，出超6.15亿元。在巨大的经济利益的刺激下，日本由传统的债务国一下子变成了债权国，外债由19亿日元降为16亿日元，对外债权却由8.1亿日元猛增到43.7亿日元。

这一巨大的收益显然影响了日本海权与陆权在战略决策天平上的权重。

2

就在海军战略家佐藤铁太郎大力倡导"海主陆从"的当口，美国横插一脚——极力鼓吹门户开放政策，这让日本人进入两难的尴尬境地。于是，围绕日美矛盾走向和1906年起草的《明治四十年国防方针》之间的争论一时间激起了千层浪。

日本军政界对此展开激烈争论。争论的结果是，俄美两国被确定为日本的利益重大威胁国。军备上，陆军方面，扩充到平时25个师团，战时50个师团的规模；海军方面，通过了"八八舰队案"，具体来说，就是以8艘战列舰和8艘巡洋舰组成一线舰队，在战时与敌对决。这个方案是由海军战略家佐藤铁太郎和秋山真之精心核算出的。然而，这样的方案需要耗费大量的财力，虽然于1913年通过了1.51亿日元的海军预算案，却因山本权兵卫（**萨摩派海军第二代，时任海军大臣、内阁总理大臣**）内阁的下台而被迫废止。

而后，那些大陆扩张政策的鼓吹者和好战者们，在以"大陆"为主攻点的进程中，又让日本看到了陆权扩张的卓有成效。于是，1928年的"五三惨案"后，日本重回了以陆军为主的大陆进军政策。

反复无常、左右摇摆，这似乎是日本在政策导向，或者说国民意识中思想交锋下的内耗，以至于日本的海军战略家们，仅把舰队当作是辅助地面作战的工具而已，他们丧失了对舰队远洋作战系统、精细的研究时间和机会。这或许也是日本只能按照英国的"那套方案"来作为指导的原因之一吧。

也许，日本的失败就这么定下了一个让人深思的基调。无论怎样，也不管海权、陆权如何发展，在战略的制定上，都绝对不能是简单复制，拿来主义、政策偏重等很多问题都摆在了日本面前，叫他们怎么不左右为难？

3

当 1905 年 5 月 27 日，东乡平八郎指挥的联合舰队在对马海峡完美 PK 掉对手后，日本在西太平洋，甚至在整个亚洲的特殊地位都由此一举得到奠定。

然而，历史是充满戏剧性的。

仅仅是在 37 年后也即 1942 年，同样是在 5 月 27 日，日本海军大将山本五十六指挥着联合舰队由濑户内海出发，前往中途岛与美国的太平洋舰队展开最后决战。这场决战最终以日本失败而结束，这意味着日本之前在太平洋的攻势戛然而止，随后，战略攻势开始转向消耗战，彻底的失败早已注定。

关于这场决战为什么会失败，理由当然有很多。但其中很重要的一条就是，山本五十六未能完全摆脱巨舰大炮制胜理论的束缚。因为，新的兵种和作战方式已经出现，战法理应灵活多变。如舰载飞机的出现、海空联合搭配作战战术的发展等。此时，传统战法已经不适合当时决战所需。

迫切地以为决战就能够强夺制海权，这可能是日本在甲午战争和日俄战争胜利后，意识中产生的一种错觉，认为只要通过某次关键性的胜利，就可以掌控整个战局。

正是这一思想，导致日本从太平洋战争开始以后，就一直在寻找这种决战的机会。只是，日本忽略掉了一点，本土工业强大的美国，并不会因某一次的失败就全盘崩溃。战争一旦拖到胶着状态，后期比拼的就是自身消耗的承受力了。显然，日本不具备这样的优势。

可以说，两个"5 月 27 日"的不同结局，折射出了日本在海军强国路上的喜与悲。这个欧亚大陆滨外岛国家在 1853 年被美国叩开国门，日本精

中途岛海战

英阶层的忧患与远见意识，让这个国家免遭成为殖民地的厄运，随后，日本仿效英国，几乎采取与英国一模一样的路线来发展国家力量。特别是在海上力量方面，对英国的"依赖"性较强，创建海军近 30 年的时间里，其发展速度也着实让人惊叹——甲午战争中击败亚洲霸主清帝国，这样的胜利在日本人的心里造成一种侥幸与狂热，国民意识受到鼓舞，他们自傲地认为：在一个下午的时间里令全亚洲以中国为中心的秩序倒转。这样超强的自信——其实是自负，让日本敢于同沙皇俄国展开角逐，随后再一次的胜利，让沙皇俄国被迫远离东亚舞台，而这，不过是又加剧了日本人的这份自负而已。

取代俄国成为世界第三大海军强国，日本的野心在加载了这份自负后，变得更加不可一世，然而，历史似乎要把日本人推向更大的狂热。珍珠港事件的胜利，前后不过半年的时间，就将盟国海上力量驱逐出了南海、印度洋以及大半个太平洋，这是巨大的胜利，对此著名历史学家保罗·肯尼迪也忍不住称赞其为"人类战争史上速度最快、范围最广的胜利之一"。

不过，胜利之后，下一次不一定仍能胜利，尤其是战争。以太平洋战争中的中途岛海战为例，此次战役带来了太平洋上主动权的变更，日本发现之前的胜利——甲午、对马战役所带来的成果似乎一下子烟消云散了，然而，这样的领悟——或者称不上领悟，是否来得晚了一些？日本联合舰队所取得的胜利不过是将原有的资源优势快速消耗殆尽了而已。

反观美军，他们更加灵活、创新……他们采用了快速灵活的航母编队与双叉战略——这种战略不仅在"二战"期间发挥了明显作用，即使到了现在，双叉战略依然行之有效（一个显著的例子就是，美国通过这样的战略方式追捕到了塔利班领袖，并瓦解了其内部）。就太平洋战争而言，美军从太平洋中部和西南两路出击，越岛进攻……这使得日本根本无法按照自己的意愿在指定区域与对手进行决战，并且还让日本残存的舰队在进入战斗前就丧失了价值。

美军继续将双叉战略发挥到极致，借助庞大的快速航母编队施行"跳岛战略"，逼迫尚未完成飞机增产和船舶征用措施的日本人提前进行决战。

1944年6月，美军兵发马里亚纳群岛，日军不得不动用两年来积蓄的全部力量，仓促迎战。

于是，在马里亚纳海战中（*此战也是历史上最大的航空母舰决战*），日本人为了鼓舞士气，将他们为之骄傲的已亡故的东乡平八郎的 Z 字旗升起在联合舰队的舰船上。然而，这并没有取得什么效果：

其一，在战斗中，日军的飞机被美军战斗机轻易地就击落了，为此，美国人还戏称这场空战为"马里亚纳射火鸡大赛"，这意味着日舰队空中作战优势基本丧失。

其二，援军的无法救援，只能让马里亚纳的日本守军坐以待毙，并且，在这次海战中，日本海军丧失了 3 艘大型航母、舰载机超过 600 架，两年来惨淡经营所积聚的反攻力量就这样完全被摧毁了。

很多时候，失败其实在之前的过程中就可以看出端倪。虽然日本海军也初步意识到——姑且就当他们意识到了——航空母舰在海战中的重要性，甚至在 1944 年的时候，就已经将航空母舰列入了舰队编制，但是，这毕竟已落后美国两年多的时间。

于是结果显而易见了，在海战中，日舰队作战能力得不到最大的发挥，在制海权的掌控度方面，当然处在下风。

而在空中作战与海战的搭配上，日本虽然也在马里亚纳部署了飞机，然而，当盟军第五舰队到来后，这些陆基飞机便失去了大半实力，以至于在海战之中变得毫无用处，只能任由盟军宰割。

马里亚纳海战失利后，日本的海军陷入了崩溃的边缘。随后，更是厄运连连，在莱特湾海战中（**主要包括：锡布延海战、苏里高海峡海战、恩加尼奥角海战、萨马岛海战**）的惨败，辛苦兴建的海军力量损失殆尽。垂死挣扎的日本，即使使出"神风特攻队"这样自杀式的抵抗力量，对于大局来说也无济于事了。

1945 年，根据盟军总司令部布告、第 680 号赦令，日本海军省编制被废止。辽阔的太平洋上自此再也没有日本军舰的身影了。

　　帝国的末日，犹如那灿烂的夕阳，在光辉过后，沉入海底。

　　……

第四章

不甘寂寞：德国海上力量的宿命

一、大陆巨头的海上愿景

1

我们还未能确保自己在欧洲大陆的位置，却要努力称霸全球，这是极不明智的。当然，这一点我只能在最近的圈子里说，但只要以相对清醒的和历史的眼光看待此事，任何人对我说的都不会持怀疑态度。

这是德国陆军上将威廉·格勒纳所说的一段话。

就在说这段话的时候，他已经是德军总参谋部首席参谋总长了。他试图总结德国在"一战"中的战略错误。在德国战败后的 6 个月，在科尔贝格的一次面对议员的秘密演讲中，他指出，德国没有在长期愿景的基础上准备好与强国的竞争，不仅未尽全力，并且在偏向国内政策还是对外政策的两个极端之间摇摆不定，倘若能在某一个目标上下定坚定的决心，那德国就可以再次成为欧洲大陆强国。

威廉·格勒纳的这番陆上强国的意愿其实还暗含了其他信息。譬如，德国有无主要战略方向；德国是否真正理解陆上与海上力量之间的平衡；德国是否在军事预算上做到了良好的协调；德国是否为追求世界海上霸主地位的目标做好了经济实力上的保证……

这样看来，德国的确犯了严重的"错误"？

按照著名军事理论家阿尔弗雷德·赛耶·马汉的观点，譬如说，在路易十四的统治下，法国不惜牺牲其殖民地与商务贸易来追求一种错误的大陆扩张政策。正是因为这样的策略错误，导致了它在海上的力量被"差异悬殊的优势力量所摧毁"，随后，重大的灾难接踵而来，其海上商业贸易上的利益很快就被消除殆尽。

与此同时，英国与荷兰的海上力量却逐渐地崛起，越来越强。这两个国家能因为"商务的天性、追求利润时的勇敢进取心以及对成功机会的敏锐感知"而打破纯陆地策略的禁锢。那么，它们自然将在世界海洋的权益瓜分中受益匪浅。

而德国呢？它的发展、出路是否也是走英国、荷兰之路？或者说，德国的未来，是横扫全世界的广袤海洋，还是安心朝欧洲陆地强国的方向不懈努力？

其实，德国在一定时期里，并不是一个十分重视海上力量的国家。这主要是因其所处位置为陆上强国所环伺而导致，使得德国很长时间里不得不将陆权建设放在重要位置。

在统一之前，德国的海岸线分别属于不同的邦，这就导致海岸线处于分散的尴尬境地，这也使得要在这些海岸线、港口建立一支强大的海军变得困难重重。因此，唯有统一，才有可能建立德国大海军。

海外贸易和殖民地利益的扩大，让德国扩建海军的意愿有了滋生的土壤。然而，正当德国产生了构建海军的意愿，并试图使之强大的时候，俾斯麦的掌权使得德国对陆权的重视度再度高过海权。

譬如，当时的陆军元帅曼陀菲尔在1883年给陆军内阁长官阿尔伯蒂尔的一封信里，就可看出一些端倪：

我也属于腓特烈威廉一世过往那些没文化的支持者之列，就是会卖掉他最后一艘军舰来增加一个新的营。

　　这句话再明确不过地表明了，海权与陆权的严重偏离已经到了如此"夸张"的地步。而奥托·冯·俾斯麦所持的观点也表达了对德国发展战略的一致性，他认为德国已经在陆权上做得很不错了——拥有世界第一的陆军，倘若这时候再进一步扩大海权的力量，建设大海军势必会引起英、法、俄等大国的紧张，不利于均势外交。这是出于一种国家安全的考虑，如果让这些大国形成反德同盟，德国会陷入危险的境地。

　　不过，仅是单纯地理解俾斯麦这位铁血宰相的战略思想，显然是低估了他。针对扩建海军以捍卫德国海外利益的说法，他也给出了回应，即德国可以采取与二流军事强国结盟的方式来"抗衡"英国的海上霸权力量。这里所说的同盟实际是指"武装中立同盟"，也就是说德国若以这样的方式加入同盟，就可以像俄国、法国那样起到孤立英国的战略作用。

铁血宰相俾斯麦，一手打造了德意志帝国

奥托·冯·俾斯麦是从 1856 年 4 月 16 日的《巴黎海战宣言》中获得的重要信息——他看到那些国家为了捍卫自身海上权益所表露的决心。这是一部关于战时海上捕获和封锁问题的国际公约，在宣言里阐明了非常重要的原则：

其一，永久性地废除私掠船制度。

其二，对装载于悬挂中立国旗帜船舶的敌国货物，除战时违禁品外，不得拿捕。

其三，对装载于悬挂敌国旗帜船舶的中立国货物，除战时违禁品外，不得拿捕。

其四，封锁须具实效，即须由足以真正阻止船只靠近敌国海岸的兵力实施，否则封锁不能成立。

由于《巴黎海战宣言》具有兼顾诸国海上利益的特质，得到越来越多的国家认同，奥地利、法国、普鲁士（德国）、俄国、撒丁、土耳其、阿根廷、丹麦、日本等五十多个国家都相继加入。

奥托·冯·俾斯麦的策略是要在当时德国所处的欧洲环境与格局中"相对安全"地发展国家力量，不能过分地刺激英国，如果一意孤行地发展德国海军力量，即便强行为之，也会被英法海军之间的联合所抵消。不得不说，作为铁血宰相的他，是在极力巩固德国在欧洲大陆的霸权地位。

因此，德国海军在"俾斯麦时期"并没有得到太大的发展，所持的战略也只是着眼于近海防御。

2

在奥托·冯·俾斯麦相对保守的战略发展下，德国在陆上强国的道路上越走越远，当然，他为德国的统一做出了重大贡献这一点是毫无疑义的。

到了 19 世纪 90 年代，德国对建设海军力量的态度突然发生了巨大变化，一时间迫切地想建立一支具有强大实力又能用于远洋作战的大海军。值得注意的是，这次德国以极大的热情投入经略海洋、扩建海军的进程中，海权意识已经到了全国人民都"爆发"的程度。

德国对海权的态度何以有如此之大的变化，我们或许可以从一个人身上找到一些答案。

19 世纪末，海外扩张的浪潮高涨，海军主义就如同社会达尔文主义等社会思潮一样开始流行。随后，一种新的积累国家财富的方式开始大行其道——弱肉强食、积极拓展海外殖民地、以海洋贸易积累财富。

而阿尔弗雷德·赛耶·马汉的海权论正是基于这样的思潮，在他的一系列著作里集中体现的。最重要的是，那些崛起而强大的国家，如英国（**海上霸权的建立**）、美国（**美西战争中美国的胜利**）……均受益于此：凭借以主力舰和夺取制海权的海军战略理论，将海上力量与国家的兴衰相结合，并提升到历史哲学的层面。

这种被现实证明了的成功理论，很快就开始在欧洲乃至亚洲（**日本**）流行了起来，英、美、法、俄等大国都纷纷掀起了扩建海军的浪潮。就连西班牙、葡萄牙、墨西哥、荷兰等中等国家也加入了其中（**西班牙在 1908 年通过了长远造舰计划；葡萄牙在 1895 年通过了造舰 5 年计划；墨西哥在 1901 年通过了一项造舰计划；荷兰在 1900 年通过了 10 年造舰计划**）。

对于德国这样一个正在崛起的国家来说，自然是不甘落后，阿尔弗雷德·赛耶·马汉的海权理论在这时具有很强的吸引力。很多德国人的意识里都希望通过这样"便捷"的方式让德国快速强大起来。

得海权者得天下，要在称霸世界的舞台上占据重要位置，就必须大力发展海上力量，时任德国宰相的霍恩洛埃曾这样说道：

我们要奉行一种和平的政策，我们就必须努力将我们的舰队建得十分强大，以使它在我们的朋友和敌人眼中都具有必要的分量。

德国在统一后，其各方面矛盾有所缓和，尤其是与奥地利的矛盾。当然，这样的统一让德国的社会结构也变得复杂起来，再加上 19 世纪 90 年代时，德国工商业阶层得到了进一步发展，以至于形成了一个庞大的中产阶级。显然，这是顺应社会发展的一种产物，然而，德国的权力分配上却产生了争端。急于想掌握话语权的中产阶级没能轻松如愿，传统的容克贵族地主阶层把持、独占了德国的军政要职，在国家政权中占据着主要地位。这样一来，就导致中产阶级的社会地位难有改变，而中产阶级想提升地位，参军尤其是成为军官就成了主要的途径之一。

即便这是一条主要的途径，却仍然被占据诸多军政要职的容克阶层的军官们基本"堵死了"。我们来看一组数据：

1890—1914 年，虽然陆军军官的比例有所减少，但在 1913 年仍然达 30%，高级军官的比例在 1900 年高达 60% 以上。而在海军军官里，这种情况就大有改观了，以 1898 年的数据为例，在帝国海军办公室的 32 名现役军官中就有 27 名来自中产阶级。1899—1918 年的 19 年里，来自容克贵族地主阶层并掌权的军官更是少之又少，在担任参谋部部门领导的 48 名军官中，仅有 2 名，在海军总部参谋长的 10 任中仅有 1 名来自贵族。

这样的数据说明了什么？说明海军的发展更适合中产阶级、低产阶级的需求，他们通过这样的途径可以在政治上拥有更多的发言权。在经过相对较长的时间积累后，很容易形成一股强大的社会基础。

　　海外贸易的增加，一方面让德国商人尝到了甜头，另一方面他们心里也产生了担忧与恐惧，他们担心海上力量强大的英国会切断其海上交通线。我们来看一组数据，就能看出他们有多么的担忧与恐惧：

　　1873—1895 年间，德国商船总吨位增长了 150%，海外进出口贸易增长了 200%，更重要的是，德国开始部分依赖海外的食物供应。

　　如此巨大的贸易增长，以及对海外贸易的依赖，再加上英德关系的不断恶化，德国商人自是有理由担忧和恐惧的。况且，德国已经由 1898 年美西战争中西班牙的败绩感受到了某种危机。德国宰相霍恩洛埃甚至坚信：

　　我们必须避免让自己在英国那里遇到西班牙在美国那里遭受的命运，很清楚，英国人正在等待机会打击我们。

　　宰相霍恩洛埃的这番话并不是夸大其词，自从 1896 年的"克鲁格电报"事件后，英国对德国的态度就变得强硬起来。

　　自从美国人莫尔斯于 1844 年发明了电报，这项发明就引起了英国的注意。电报可以说改变了世界之间的距离，人们对这种充满无限想象力的成功发明充满了极大的赞誉。据说，第一封电报的内容是圣经中的诗句：

　　上帝创造了何等的奇迹。

　　敏锐的英国，看到了这里面隐藏的巨大价值，很快就建立起了一套完整的有线电报网。显然，英国人并不满足于仅在陆上兴建有线电报网，它还要在海底世界构建同样的网，目的是要把窃听、监控、收集信息的触须伸向全世界。

强大的电报网络的分布，让英国很快成为全球海底电缆中转站。这当然为英国提供了极大的情报获取便利。1896 年 1 月 3 日，德皇威廉二世给南非德兰士瓦总统克鲁格发了一封电报。由于这封电报的内容属于一种类似幸灾乐祸的祝贺，因而导致英德关系恶化。

1884 年，探矿者在德兰士瓦共和国发现了世界上规模最大的金矿。这事被英国知道后，决心谋划抢占这一巨大"财矿"。1894 年，英国采取雇佣兵的形式开赴德兰士瓦，一行 600 人携带着武器，在南非矿业公司詹森博士带领下出发了。他们的目的很明确，计划也很阴险，那就是试图推翻其国王保罗斯·克鲁格的政权。

然而，事情进展得并不是很顺利，在 1896 年 1 月的行动中，这行人陷入了包围当中，134 人被击毙，其余人全部被俘，包括詹森博士在内。詹森博士也被以企图对友邦进行军事远征的罪名判处 15 个月监禁。这事很快发酵，在国际上引起了极大的争议。

德皇威廉二世在听到英国失利的消息后，更是忍不住内心的窃喜。本来威廉二世是打算派兵支援的，宰相霍恩洛埃闻言大惊，赶紧劝谏，因为这等于是与英国宣战。威廉二世却直言不讳地说："是的，但这只是在陆地上作战。"

这种过于直接的做法显然是危险的，于是，有人建议不如以发电报的形式对保罗斯·克鲁格表示祝贺。电文内容既要做到否认英国对德兰士瓦的宗主权，又要做到不冒犯英国。威廉二世对此表示了赞同，随即给保罗斯·克鲁格发去贺电：

你和你的人民在没有任何友好力量的帮助下，独力击退入侵的有损和平的武装分子，本人表示最诚挚的祝贺。你们维护了国家的和平，捍卫了国家的独立。

可惜，在这封电报传到德兰士瓦前，英国就通过自己控制的海底电缆将其截获。在获悉内容后，英国大怒，国内很多媒体鼓吹要动用海军教训一下德国。

英国认为德皇威廉二世电报中所说的"友好力量"无疑是在向英国示威、向德兰士瓦示好，意味着必要时可以获得德国的援助。英国绝不允许自己的势力范围受到侵犯。

对于英国有多愤怒，我们可以从《泰晤士报》的刊文中得到一些证实：

英格兰永远不会在威胁面前退步，永远不会被侮辱屈服！

随后，英国采取了一系列的报复手段：

德国水手在英国港口频频遭袭；

伦敦的德国商店被砸烂了橱窗；

在封锁南非布尔人共和国时故意扣押德国邮轮；

……

英国政府的强硬态度让威廉二世害怕了，他赶紧给维多利亚女王写了一封信，信中说，我从未想过用这封电报来反对英国或您的政府……

在这样矛盾激化的境况下，德国发展海军是刻不容缓了，扩建海军的意愿也更加强烈了。

威廉二世建立海军期间制造的装甲船「奥丁」号，图为工·格拉夫于1899年所作的《「奥丁」号在鸣礼》

德皇威廉二世是一个对海洋抱有极大热忱的人，他甚至还因此得了一个称号——舰队皇帝。据说，他在年轻的时候就对英国的海上霸权表示出了极大的羡慕情绪，这种情绪在读了阿尔弗雷德·赛耶·马汉的著作《海权对历史的影响》后变得更加强烈，他甚至这样说道：

我不是在读，而是在吞咽马汉上校的书。我努力要把它背下来。

同时，他还是海军制服爱好者。据说，他曾在一天内更换海军制服多达四次，由于过于喜欢海军制服，他甚至立下规定：不许其他王室成员穿现役海军制服。

他对海军头衔也情有独钟，多个国家的海军头衔被他加在了自己名字前面——德意志帝国海军元帅，英国、挪威、瑞典、丹麦海军上将……这些海军头衔所带来的荣耀光环让他倍觉自豪，其中，英国海军上将似乎是他最中意的，因为，这是他的外祖母维多利亚女王于 1889 年授予他的。

很多时候，他会穿上这套海军制服会见英国大使。在 1900 年 1 月 1 日向柏林卫戍部队军官的讲话中，他激情地宣读：

就像我的祖父对陆军所做的那样，我也会以同样的态度，不折不扣地完成对海军的重组工作。这样，海军也可以像陆军那样获得一种平等的地位，而德国也可以通过它的海军获得一种前所未有的地位。

另外，威廉二世对军舰的热爱也到了痴迷的地步。据说，他还亲自设计了一艘军舰，对这个设计成果他感到无比兴奋，并请来权威造船家进行鉴定。

威廉二世对海军的偏爱，或许也可作为德国扩建海军的一种意识支撑，他潜意识里觉得唯有海军实力第一，才能让德国的触角伸向海外更广阔的天地，打破英国一家独大的格局。这种非此即彼的判断，让他在应对国际事务和国内事务上变得简单、鲁莽：先是与俾斯麦关系决裂；后又罢免霍恩洛埃；将德国在中国市场的份额较少归结于海军实力不足；认为英国之所以不将雄狮般的尾巴锁起来，是因为德国还没有一支足够强大的装甲舰队，只有用这样的铁拳重击英国，才能让英国像面对美国的威胁时那样妥协。

俾斯麦通过三场战争，建立了普鲁士领导下的德意志帝国，而后又通过绝妙的政治手段在错综复杂的欧洲局势中让德国获得了发展空间。这位铁血宰相不愿意德国卷入任何国际纠葛，更不愿意与强大的英国产生摩擦，特别是在殖民地的问题上。反观德皇威廉二世，就显得直接与粗暴，甚至是鲁莽不计后果的。

不过，或许也是因为他的这份"不理智"，反而让德国扩建海军的构想有了更多可能性。

3

1890年，这是德皇威廉二世即位后的第二年。这一年，他做了一件大事：免去了宰相俾斯麦的职务。德国进入威廉二世的时代，外交策略与陆权海权的处理方式亦发生重大变化，而这种变化为德国之后的走向定下了某种基调。譬如，"一战"的爆发。

正如前文所说的那份"不理智"，有一个例子或许可以做最好的说明。先是德国拒绝与俄国签订再保险条约，之后，德国与英国在1890年签订了《黑尔戈兰－桑给巴尔条约》，这是一份偏向于英国的关于殖民地问题的条约：

其一，坦噶尼喀归属德国，肯尼亚、乌干达则归英国。

其二，桑给巴尔成为英国的保护国。

这份条约的内容导致了法国的不满，提出抗议。最后，法国只得到马达加斯加。英国在东非重要战略计划的连接点由此形成。法国没有理由"任人宰割"，开始与俄国在外交上接近，特别是沙皇公开表明支持法国，这让俾斯麦苦心经营的孤立法国的体系破产了。

以上并非是一味强调俾斯麦在德国的所作所为有多么的正确，只是想通过德国在面对发展道路上对一些事情的偏执，从而阐述其在海权问题上的侧重态度。

威廉二世急切地盼望自己的国家能够获得世界大国的地位，所以他才拼命地寻找某种快捷的路径。

阿尔弗雷德·赛耶·马汉曾指出海权的重要涵盖——生产、航运、殖民地，这三者的关系是如此的紧密。通过生产，拥有了交换产品；通过航运，交换得以进行；通过殖民地，方便并扩大航运行动，并大量建立安全区对此进行保护。

可以说，这三件事是濒海国家历史与政策制定的关键所在。生产与贸易是海权发展的动力，而占有原材料与市场的新兴工业贵族在各自和共需的作用下，很容易结成一种联盟关系。显然，德国已经具备这样的条件了。他们迫切地希望政府在海权方面能够强势一点。

1887—1912年间，德国的进出口贸易得到了迅猛发展，甚至已经超过了美国。前者增幅为214.7%，后者为173.3%。我们再看英国和法国，同期英国仅为113.1%，而法国仅为98.1%，值得注意的是，它们都出现了贸易逆差，德国面临的困境是如何让对外贸易出现顺差。对此，我们可以从地缘政治学家麦金德的一段话中看出一些端倪，他说：

德国对市场的饥饿已成为世界上最恐怖的现实之一。

德国的努力让它看到自己的能力，那些野心勃勃的商人相信德国作为工业强国是可以在将来取代英国的。这不是夸大其词，以1880—1912年间的贸易数据来分析，1880年的时候，德国有80%的出口贸易品销往英国、法国以及东南欧国家，但是，德国自身也从这些国家进口，占比高达77%。到了1913年，德国从欧洲国家的进口数额明显下降了三分之一。取而代之的，是海外贸易成为它的原料来源。

在政策上，德国已经开始大刀阔斧地给予贸易以鼓励和支持。它积极拓展海外殖民地，严格保护关税，奖励出口。各种新兴的产业都在蓬勃发展中，像钢铁业、采矿业、新式化学工业、电气工业、光学工业、纺织工业……都在朝着兴盛的方向迈进。

航运业的发展也成为德国强盛的凸显。在1888年的时候，德国的船队还主要是以帆船为主，注册吨位是120万吨。到了1913年，这种模式迅速改变，基本上以轮船为主了，注册吨位是310万吨，不来梅港、汉堡港的扩建，使它们这一时期海港运输量迅速上升，吞吐量上仅次于纽约、安特卫普，超过了伦敦、利物浦、马赛。

当德国的对外贸易成为欧洲第二的时候，在它前面的只有英国，可惜，德国的海军力量却远远落后于英国。就连法国、意大利、俄国也赶不上。

于是德国自然心理就极不平衡了，再加上1897年德国成功强占了中国的胶州湾，这无疑给德国未来的行动又增了一剂催化剂，于是，德皇威廉二世赶紧任命阿尔弗雷德·冯·提尔皮茨为帝国海军部国务秘书，主持海军建设事务。仅仅在第二年海军法案就通过了为期6年的建造计划。

看来，德国要有大动作了，它要将野心的触角伸向全世界。

二、阿尔弗雷德·冯·提尔皮茨的构想

1

阿尔弗雷德·冯·提尔皮茨这位德意志帝国海军元帅、德国大洋舰队之父，深得威廉二世的信赖，以至于称呼他为"永远的提尔皮茨"。

作为一位极有胆魄的人物，他誓要为德国创建一支真正的可以与英国皇家海军相匹敌的远洋舰队，而这份决心让德皇威廉二世十分的欣赏。于是，全力支持他的扩充计划。其实，在这之前，还有一位重要人物，也为德国扩建海军做着重要的努力，他就是海军内阁长官古斯塔夫·弗莱亨·冯·桑顿·比伯兰上将。他的观点是：德国必须拥有一支以主力舰为主的大海军。而阿尔弗雷德·冯·提尔皮茨的上任，可以说是与其强强联合，前者负责扮演政治推手的角色，后者负责具体计划与实施，并运用自己的聪明才智争取各方政治势力的支持。他们一同将德皇威廉二世的海军热情逐渐变为现实。

1896年，德皇威廉二世希望在海军预算上加大投入，但困难重重，为此，他勃然大怒，打算解散国会。阿尔弗雷德·冯·提尔皮茨则采取了聪明的做法，不与国会正面冲突，采取迂回的方式对国会施加压力。譬如，他在舆论、意识引导方面下足了工夫，这主要表现在以下几点：

其一，组织人员翻译阿尔弗雷德·赛耶·马汉的著作《海权对历史的影响》，并免费发放了八千多册，并在发行量高的重要刊物上进行连载。

其二，将海军技术性的刊物改版为普及民众型杂志。

其三，在海军办公厅增设新闻署，以对各报刊施加影响。

其四，拉拢、争取学术界著名人物，让他们为海军的宣传作出应有的支持，像马克斯·韦伯、汉斯·德尔布吕克等厉害人物都在其中。马克斯·韦

阿尔弗雷德·冯·提尔皮茨，德意志海军元帅，德国大洋舰队之父

第四章　不甘寂寞：德国海上力量的宿命

伯将国家定义为一个"拥有合法使用暴力的垄断地位"的实体，这一观点十分符合德国的野心需求。

其五，邀请政界、商界的精英人物参观海军，尽力争取到他们的支持。

其六，加强与新闻界、出版界的联系、公关，以获取更多的舆论支持以引导民众意识。

最后，支持民间成立海军协会，其刊物《舰队》的发行量逐年攀升。据说，这份杂志很快就发行了 75 万份，而协会成员也从成立之初（1898 年）的 78652 人增加到 1914 年的 1108106 人。

其实，阿尔弗雷德·冯·提尔皮茨的宣传核心是让德国的海军建设与海外贸易结合。这一点，可以从他的一段讲话中看出，他说：

自从帝国成立以来，德国的海上利益异乎寻常地增长了。对德国来说，保护这些海上利益已经成了生死攸关的问题。如果这些海上利益遇到阻碍或者受到严重的损害，国家必然首先陷入经济衰退，然后陷入政治衰退……所有这些利益只能依靠德国海军来保护……德国在下个世纪会迅速地从强国位置上跌落下来，除非它现在起就系统地、不浪费时间地扩展它的海外利益……如果德国不想失败，海权就是根本问题。

通过这些重要的努力，阿尔弗雷德·冯·提尔皮茨在舆论上获得了强大的支持。当然，仅有这些是不够的，他还有其他的策略和行动在推进。

2

阿尔弗雷德·冯·提尔皮茨对德国扩建海军有一套完整、长远的计划。

1897—1914 年间的德国海军扩建、海军战略都出自他手。

在指挥决策方面，他建立了一个人才济济的智囊团，以制订详细的计划。在位于黑森林圣布拉辛的住所里，这些优秀的人才（如爱德华·冯·卡培尔、哈罗德·丹哈特、马克斯·冯·费歇尔、奥古斯特·冯·黑林根、弗雷德里希·冯·英格诺尔……）讨论、制订着一项又一项的计划。

在目标上，他从一开始就将目标锁定为英国，这是对英国海上霸权的"针锋相对"。之前，德皇威廉二世曾有一份计划是针对法俄同盟的，提尔皮茨上任后立刻就否定了这项计划，随后于 1897 年的 6 月，他就制订完成了著名的《提尔皮茨备忘录》。在这份"备忘录"中明确指出：

当前德国最危险的海上敌人就是英国，也正是为了对付这个敌人，我们急需一定规模的海军力量来作为一种政治权力因素，毫无疑问，在下个世纪我们必然会与英国在地球的某个地方发生冲突，不管它是因为经济竞争还是殖民地争夺引起的。

这样的预言还是应验了的，后来的"一战""二战"都是最好的证明。

为了提升德国的海上力量，以便拥有强大的制海权，阿尔弗雷德·冯·提尔皮茨认为必须通过海上的决战来实现。对此，他也给出了具体方案，就是加大力度建造主力舰。遗憾的是，他并不重视速度和作战半径都强于主力舰的巡洋舰，这主要是出于他的一种偏见，他认为巡洋舰只能作为解决殖民地争端和镇压当地人起义之用，根本不能给德国带来有效的制海权；而且他也看不上潜艇，甚至还在 1904 年宣称潜艇是二等武器，只适合局部战争，潜艇部队只是起摆设作用的试验品博物馆。根据他的估计，德国的海军力量只需要在北海区域与英国的海军形成 2:3 的比例即可。

　　这样一来，就造成了一种尴尬——英国的海上霸权如此强悍，德国是否能追赶得上？假如英国先发制人，德国又该如何应对？

　　应该说，阿尔弗雷德·冯·提尔皮茨的计划和策略加剧了英德之间的矛盾，这种矛盾随着他的计划一步一步实施，会变得一发不可收拾。

　　于是，英国保持了高度戒备与防范。如在 1902 年，英国海军大臣塞尔伯恩在一份内阁文件中明确指出：德国舰队就是专门设计用来对英国本土作战的。两年后，英国海军部拟定了第一份对德战争计划。英国担忧德国海军后来居上，于是在 1909 年，决定将当年建造无畏级战列舰的数量由原计划的 4 艘一下子增加到 10 艘。海军大臣丘吉尔也明确地将德国看作是英国在海上唯一的敌人，并宣称如果德国造一艘主力舰，英国就造两艘。

　　阿尔弗雷德·冯·提尔皮茨在应对这样的尴尬境地时，也给出了应对之策：德国的海军力量并不一定非要超过英国，或者说实力相当。虽然这样的力量敌不过强大的英国，但只要能让其力量受损，就不能再与法俄海军抗衡了，海上霸权自然遭到牵制，不敢轻易开战。也就是说，英国在这样的境况下，就会在战争主动权上失去先发制人的机会。

　　这是典型的风险理论，他放弃了在全球范围内与英国争夺海上霸权的想法，转而将全部的精力集中在了北海。因为，英国需要分散其海上力量来保护分布于全球的贸易航线，这样一来，能用在北海的兵力相对有限。

　　显然，阿尔弗雷德·冯·提尔皮茨有着自己的如意盘算，即利用英国战线分散、力量不均的弱点，为德国在一定时期内投入足够财力、专注建造主力舰提供更多的可能性。这样的目标只要达成，就可以在北海取得局部数量优势。只要英国陷入自己设定的"圈套"，它就不得不接受德国成为第二号海上强国的事实，并与之分享海上统治权。

　　阿尔弗雷德·冯·提尔皮茨之所以敢冒这样大的风险，在于他"理智

上图为德国公海舰队自沉时的情景；下图是自沉开始后，英军试图上船进行挽救

的心理分析"：首先，英国不可能置全球霸业于不顾，把海军力量调回北海围堵德国；其次，英国正在为争夺南非殖民地而费神（**布尔战争：第一次是 1880 年 12 月 16 日到 1881 年 3 月 6 日；第二次是 1899 年 10 月 11 日到 1902 年 5 月 31 日**），不可能与德国展开旷日持久的海军竞赛。退一步说，即便英国强行与德国进行海军竞赛，那它在北非、东亚等地的势力范围就会出现军事空缺，很快会被法、俄、美等国填补。如果英国不这么做，德国就能顺利地参与到共管欧洲安全与殖民地事务中去。

事实上，在萨拉热窝事件后，英国已经决定教训一下狂热的德国了。1914 年 7 月 14 日，英国举行了一场大规模的海上阅舰式，德国也派出了战舰参加。英国采取的对德策略完全出乎德国的预料，它于 1904 年与法国达成协约，以东地中海和北非控制权换取全面和解，并将地中海的部分舰艇撤回本土周边，再加上与日本结盟，其在远东地区的威胁大大减小，于是获得了更多用于扩充海军军备的资源。

1914 年 8 月 4 日，英国正式对德国宣战。德国随之陷入海战困境：英国不但在北海拥有 21 艘无畏舰、8 艘前无畏舰和 4 艘战列巡洋舰，且在火力、速度和航程上都超过只有 13 艘无畏舰、3 艘战列巡洋舰和 20 艘前无畏舰的德国公海舰队。另外，英国还能轻松地在英吉利海峡和苏格兰外海切断德国通往大西洋的贸易航线，压迫德国的战争潜力。

德国对此只能采取小规模遭遇战消耗大舰队的数量优势的战法袭扰英国东海岸。这样的战略虽然也取得了不错的成绩，但无疑是蚂蚁与大象之间的对决，德国人纵然大呼不公平，始终不能突破英国舰队的封锁：1919 年 6 月 21 日，被困在斯卡帕湾的德国公海舰队无奈全部自沉。

当然，特别是第一次世界大战后，英国也受损不小。应该说，这场战争阻断了德国崛起的梦想，同时也加速了大不列颠帝国的衰落。

作为德国崛起的关键人物，阿尔弗雷德·冯·提尔皮茨试图以绝对安全的策略来实施全球称霸行动。但这一策略却是建立在假想的基础上。

当时德国已经是欧洲陆上强国，其陆军号称世界第一，这本身已经引发了英、法、俄的担忧。俾斯麦曾经的战略其实也体现了他的某种高瞻远瞩，若德国进一步追求拥有一支能对它们造成严重威胁的海军力量，无疑是在加速刺激反德同盟的形成。

在战争中的策略绝不是单一的，而是在大局的正确把控下，多个策略融入其中，以应风云之变。阿尔弗雷德·冯·提尔皮茨却在一厢情愿的思维模式下，采取非此即彼的方法分析对手，无疑是具有巨大风险性的。他没有想到英国会对德国的海军扩建如此敏感。后来，英国也承认所谓海军恐慌是霸权国对崛起国常有的那种警惕所致。

对此，我们可以从英国第一海务大臣费希尔的一句话里得到证实：

是海军部制造了这场恐慌，事实是英国必须夸大对德国的海上劣势。

德国外交大臣屈尔曼对"一战"总结时也证明了这一点，战前在英国的多年政治活动使屈尔曼深信，德国作战舰队的迅速扩建乃是使英国变成敌人的最主要原因。

阿尔弗雷德·冯·提尔皮茨构想德国可以通过快速召集兵力作为海军的后备力量。因为，当时的英国没有实行普遍的兵役制，就算英国有足够的能力建造出军舰，也没有足够的人手来操纵那些新建的军舰。德国则不同，可以做到每年征召 2 万人进入海军服役。这或许也是其风险理论的一种现实支撑。

不过，想要成功的话，德国必须平稳度过一段危险时期，即在海军力量强大起来之前，必须"悄声无息"地发展：

> 我们可以想，有时也必须想，但不能写下来……考虑到我们的海军处于劣势，我们的行动必须十分小心，就像在蜕变成蝴蝶之前的毛虫一样。

然而德国当时的情形不惊动英国是不可能的。截至1914年"一战"爆发时，德国共拥有战列舰、战列巡洋舰41艘；英国拥有战列舰、战列巡洋舰总计69艘。德国海军由1898年的世界第六位，一跃成为仅次于英国的世界第二大海军力量。

显然，阿尔弗雷德·冯·提尔皮茨的构想也从某种意义上预示了德国崛起后的命运：海军扩建越大，其遭受他国打击的风险就越大。他幻想着可以通过外交手段建立一个由德、法、俄组成的大陆联盟，以此抗击英国，这是对国际事务中微妙处变化不能理解透彻的体现。

后来，德国宰相毕洛夫直言不讳地指出：

> 使他（阿尔弗雷德·冯·提尔皮茨）不时对俄国，甚至法国抱有幻想，认为可以从这些国家寻求支持以反对英国。

日俄战争开始不久，1904年4月8日，英法达成协约，这其实已经宣告提尔皮茨的幻想覆灭了。因为在利益的驱使下，英国同法国就摩洛哥问题完全可以达成和解。

三、两次世界大战下的悲歌

1

在第一次世界大战前，德国内部曾有过分歧：是东进还是海权推进？

德国试图在中非谋求能连成一片的殖民地，并组建中欧经济体，以此稳固在中欧的强国地位。"一战"中，德国面临海权发展上的阵痛——因为国际关系下的欧洲均势对它形成了一种压制——各国互相牵制的情形确实压制了它的野心，也正是因为这种压制，反而又刺激了其野心。想发展海权，却又因自身的地理环境的关系而难以得称其意。

这样的痛，让德国不得不涉身赴险。历史证实了德国在"一战"中的一些世界政策。如针对俄国就是如此，它有意将战争拖向防御战，一厢情愿地通过局部或者说短暂的战争形势，从而诱导英国保持中立。但是，欧洲均势的国际政治环境决定了这不可能是局部或者说短暂的战争，世界大战一触即发。根据德国总参谋长阿尔弗雷德·冯·施里芬制订的施里芬计划，其主要目标是应付来自德国东西两面的两个敌国——俄国与法国的夹攻。这项计划，实际上就是日后的闪电战的雏形，而两线作战的西线上，首先通过保持中立的比利时，在几个星期内用迂回包抄的方式给予法军或可能的英国远征军毁灭性的打击，击败法国后，若还能将英国驱出大陆，再挥师东线与俄国作战。至于东线作战，最低作战目标也要获取法国沿海地区、比利时、荷兰的海军基地，控制这些地区的海外贸易，或者说使这些地区的经济依附于德国。倘若这最低作战目标不能实现，也至少要获得比利时这一临海基地，作为威胁英国海权的跳板。后来，随着与奥斯曼帝国的联盟，德国野心变得更大了，实际作战中，将波兰也纳入了中欧版图，再从土耳其出发，摧毁英国最薄弱的区域——印度和埃及，之后挥师俄国，将俄国在波罗的海的势力全部清除，使之回到彼得一世时的疆界。不过，两线作战导致其兵力分配上存在着较大的不平衡，西线部队有 79 个师，东线部队则仅有 10 个师，外加一些地方部队，差距一度达到了 8:1。

德国的战略是要一步步从中欧走向东欧，即占据欧亚大陆的心脏地带。对此，哈尔福德·麦金德曾敏锐地指出，在西线时，德国以为自己看到了一条达到此目的的捷径，不想通过步步为营的方式向前推进，以为只要控制岛国的重要海权基地就可以掌控局面。显然，这是错误的，而这样的错误，日本在"二战"中重蹈了覆辙。

只是，对于两线作战的协调，或者说战略目标的确定，德国上下都有些举棋不定：是要以强大的陆权震慑世界呢，还是要通过海权进行海外统

"一战"时德国远东海军分舰队，即格拉夫·冯·斯佩舰队，在德国海军主力公海舰队被英国封锁在北海的情况下，多次展开破袭战，对英军造成严重威胁。后在福克兰群岛被英国舰队截住歼灭。图为斯佩舰队停泊在南太平洋岛屿的油画

治？换句话说，德国在发展海权的道路上是以海洋人的视觉还是以陆地人的视觉看待世界。

这问题让德国十分纠结，因为在海权的发展道路上，它的经济实体要求向东发展，地理环境也决定了这样的方向，但德国自身的经济现实则要求它向西直接走向海洋。这样的尴尬，造成了德国这样的陆海复合型国家在获取海上霸权过程中的尴尬。

2

随着德国公海舰队在斯卡帕湾自沉，德国的一些专家、精英开始反思，德意志帝国最天才的海军思想家沃尔夫冈·魏格纳中将对阿尔弗雷德·冯·提尔皮茨战略提出了质疑。事实上，通过一项在"一战"中的国防预算，可以看出这样的问题：德国总参谋长阿尔弗雷德·冯·施里芬在其计划里并没有安排给海军任何角色。

阿尔弗雷德·冯·施里芬打算用强大的德国陆军先在西线摧毁法国，然后将这些部队调到东线抵抗俄国的军队。对于这样重大的计划，他本人没有去咨询海军参谋部，也没有咨询海军部长。在1912年的国防预算里，德国竟然一次性拨款2.19亿金马克给陆军。这笔巨额是用来维持1911年的预算，以及一项用于大炮和设备的加强计划，其执行期为6年（1912—1917），将耗资6.12亿金马克。

从这样的态度以及预算偏向，其实已经看出了阿尔弗雷德·冯·施里芬战略的倾向，就连德国总理和财政部都明确表示，能够给予德国安全的只有陆军。

再来看看德国海上力量的尴尬。在海军军备竞赛中，当英国拥有21艘无畏级战列舰和4艘战列巡洋舰的时候，德国只拥有13艘无畏级战列舰和

3 艘战列巡洋舰，这当然是按照阿尔弗雷德·冯·提尔皮茨战略执行的结果。不过，即便是这样，在一定时期内仍可以保持相对的平衡，因为，在1914—1918 年间，这两个世界上最强大的战列舰队在北海对峙，双方都没有实质性的胜利。但是，海上力量的长期博弈却让德国相形见绌了。我们来看德军舰队总指挥海军上将莱茵哈特·舍尔的无奈，在经过 1916 年 5 月31 日到 6 月 1 日的日德兰海战后，他对德皇威廉二世表达自己的悲观时说，德国永远无法以海战的形式来迫使英国求和，因为英国在物资上占有很大优势，况且，德国还在地理位置上处于劣势。

日德兰海战。德国公海舰队与英国皇家海军舰队在丹麦日德兰半岛附近北海海域展开激战。德国以较少吨位的舰船击沉了更多数量的英国舰船，从而取得了战术上的胜利，而英国则成功将德国舰队封锁在北海，获得了战略上的最终胜利在悲观之余，莱茵哈特·舍尔建议德国应该用 U 型潜艇打击英国的贸易，摧毁其经济命脉。对此，海军参谋长亨宁·冯·霍尔岑多夫在 1916 年年底才给出了计算结果，也就是说，假如英国有 1000 万吨的商务运输，而 U 型潜艇能在 4 个月内击沉 60 万吨，之后的每个月能击沉 50 万吨，那英国就不敢继续海运了，并且，德国还能让英国在中立港口的 140 万吨物资无法起运。这些战略打击如能实现，英国的贸易损失将达 39%，而英国就会在 5 个月内被迫求和了。

尽管有着建造 U 型潜艇的计划，但德国到 1906 年才建成了第一艘。很显然，阿尔弗雷德·冯·提尔皮茨并未认识到它的重要性，甚至没有想到与英国进行潜艇战。不仅如此，他还野蛮地削减了水下兵种的预算，他担心 U 型潜艇的建造会导致作战舰队经费的减少。

在"一战"中，当德国的陆军与法俄展开激战的时候，德国海军也想发挥用武之地。于是，U 型潜艇就派上用场了。在 6 个月里，德国海军击沉了敌方商船高达 1135931 的吨位，然而，英国凭借强大的经济实力，硬是撑了过去，并没有低头求和。

之后，最好的办法显然就是提高 U 型潜艇的产量了。不过，这样的想法在 1918 年的夏天才提出，显然已经晚了。我们来看德国为了摧毁英国贸易所付出的代价：德国击沉了协约国船只 5000 艘，但穿过大西洋的 95000 艘协约国商船只损失了 393 艘，而德国 U 型潜艇却损失了 199 艘，5249 名官兵命丧大洋。

英国凭借其对大量的航线以及遍布全球的宽阔海域的掌控，让德国无法实施一网打尽的战略。而德国在发起这样的摧毁战时（1917 年 2 月 1 日），手上共有 111 艘 U 型潜艇，其中有三分之一在维修和改装，三分之一则在前往或返回作战区，剩下的三分之一也就是 32 艘分布在大西洋、北海、英吉利海峡和爱尔兰海。

假如德国，或者说阿尔弗雷德·冯·提尔皮茨能在更早的时间里重视U型潜艇的海上作战能力，或许战争的情形会不一样。不过，德国能以111艘U型潜艇摧毁协约国这么多的商船吨位，也是相当不错的了。因此，1919年的《凡尔赛和约》第191条就明确禁止了德国发展潜艇。

阿尔弗雷德·冯·提尔皮茨战略的失败，让德国继续反思。在反思的过程中，那些顽固派们似乎没有意识到德国对海权理论的一些"误解"已经让这个国家遭受了重大损失。他们甚至还排挤那些质疑者，阿尔弗雷德·冯·提尔皮茨战略的支持者——参谋长冯·勒维措夫海军上将就把德意志帝国最具天才的海军思想家沃尔夫冈·魏格纳中将给逼退出了海军。

3

德国海军在《凡尔赛和约》后的衰败状况，让德国感受到无尽的沉痛。对于加强海上力量所做出的努力也有目共睹。

海军元帅埃里希·雷德尔提议德国海军着重建造巡洋舰与潜艇。1929年，第一艘新型1.2万吨级的主力舰德意志号在基尔开工了。它其实是一种大型的通商袭击舰，在速度上达到28节航速（1节相当于1.852公里/小时），明显比之前的旧战列舰速度要快，若是只以20节的速度航行，其续航力可达1万海里，而配备的6门11.1英寸主炮的火力，其威力亦不容小觑。这样的主力舰特别适合在大西洋上实施破交战。

事实上，德国海军通过这样破坏敌方海上交通线的作战模式，包括袭击敌方运输舰船和护航运输队、破坏敌方装卸港口、封锁敌方舰船通道等，的确起到了非常好的效果。在"二战"中，共击沉同盟国船只约2100万吨。

英国已经意识到德国建造这种舰船所带来的可怕威胁，而能克制它的只有 3 艘战列巡洋舰。这时候，实施克制的任务便落到了法国身上，1932 年开工建造的 26500 吨级战列巡洋舰敦刻尔克号就是专门针对德意志号的。而德国也不甘示弱，在 1931—1932 年间，又开工建造了 2 艘与德意志号同级的舰艇。

德意志袖珍战列舰

接下来，在 1935 年 6 月发生的事件，可以说是极大地推进了德国的海军力量建设。英国竟然采取了绥靖政策，与德国签订了《英德海军协定》：

一、德英两国海军以 35:100 的吨位比例存在。

二、吨位比例不受其他国家海军舰船建造数量的影响。

协定的签署，破坏了《凡尔赛和约》的军备条款，使得德国的重新武装变得合法化。1938 年 12 月，德国还通知英国政府，它将保持一支与英国吨位相同的潜艇舰队。而到了 1939 年 4 月 28 日，就宣布废除该协定了。

《凡尔赛和约》已经明文规定德国的吨位总数并禁止其研制潜艇。然而，在魏玛共和国的海军人员暗中推动下，他们仍在私底下与外国企业合作研究着海军科技。而当阿道夫·希特勒上台后，更是果决地废除了《凡尔赛和约》以及《英德海军协定》。于是，德国开始了大量建造新式船舰的进程。

埃里希·雷德尔继续推行着他的计划。此时，帝国海军已改称为纳粹德国海军（**战争海军**），从而取代了"一战"中的德意志帝国海军和魏玛共和国的国家海军，随后 11 年间（1935—1946 年），成为了德意志国防军中的海军力量中坚。

帝国海军最早是一支由陆军将领担任指挥的小型舰队，因此，其战略与战术不免烙上了陆战的印记。到了阿尔弗雷德·冯·提尔皮茨时代，他提出的风险理论与引诱敌人部分兵力来进行舰队决战的策略占据了主导思想，然而，由于其拥有致命的缺陷，导致"一战"中日德兰海战时，在与英国整支大舰队交火后，公海舰队被封锁的恶果。纵然如此，他的战略思想直到魏玛共和时期仍有一些残留。

1926 年，沃尔夫冈·魏格纳海军中将首次提出了地缘战略和存在舰队的应用理论，并针对海军内部提出了德国与英国的地理劣势重要性的讨论。这位大陆漂移学说之父，一语道出阿尔弗雷德·冯·提尔皮茨战略的弱点，即在海战中过于注重消灭敌人舰队的有生力量，而没有将其做更灵活的应用，只专注进行破交战。英国的海上生命线位于大西洋西侧，对于德国这样的欧洲陆上国家，附近的海域只有北海和波罗的海。假如德国舰队要想抵达大西洋对英国舰队进行攻击，就会在没有抵达之前就遭到英国近于本土的舰队攻击，并且，英国还能做到有效的支援。德国呢？只能算是孤军前往，安全系数极低。

由此，沃尔夫冈·魏格纳主张控制海上交通线，并应在地缘战略上也要有所作为。但是，他过度低估了英德两国舰队的实力差距，简单地认为地理优势可以弥补一切。即使如此，鉴于"一战"中德国的惨败——阿尔弗雷德·冯·提尔皮茨战略的失效，德国海军还是接受了他的"交通控制"战略，并定其为海军发展的核心。随后，德国有意识地引导许多年轻军官进行这项战略的深入研究。像雨果·冯·瓦德叶·哈兹在《明天的海军战争》里，就认为舰队间的战斗已过时，将来海战的发展会转为对海上贸易线及商船的攻防战。

沃尔夫冈·魏格纳的新海军思想之所以能被接受，还有一个重要原因，那就是德国纳粹党的上台。他们对于建设海军也需要一个军事学说来决定路线。然而，在海军战略上，德国面临着多样学说的冲击。

一位叫卡尔·邓尼茨的上校提出，德国海军应该以狼群战术为核心。这种潜艇战斗群，实际上是持续地与敌方进行吨位战。换句话说，只要能让英国建造的新船只的速度低于被击沉的速度，就能大幅度减少海上通航线运回本土的物资，进而迫使英国对德国投降。卡尔·邓尼茨曾在"一战"中指挥过潜艇，他认为若要攻击英国的护航船团，唯一的方法就是将潜艇集中并分为多个"群"，进行严密的战术控制和协同战斗。

《英德海军协定》签下后，卡尔·邓尼茨便提出了建造大型潜艇的计划。他主张将全部用于建造德国水面舰队的资源用来制造潜艇，其中以制造大量机动力强、适合远洋作战的中型潜艇最为重要，至少要 300 艘，其中 100 艘在海上巡弋、100 艘往返基地与作战海域、100 艘在基地修整待命，并保持与其他类型潜艇 3∶1 的比例。可惜，这样的计划并没有被海军总部接受。他们坚定地认为，未来潜艇仍会是单独作战，所以应建造拥有较大口径舰炮和长续航力的大型潜艇，即让潜艇发挥类似巡洋舰的功能。

直到 1939 年夏，卡尔·邓尼茨才说服了海军总部，埃里希·雷德尔同意建造大型吨位的潜艇。然而，德国仍没有将潜艇的生产放在第一位，这直接导致"二战"爆发后狼群战术无法充分发挥其作用。

那么，埃里希·雷德尔到底想怎样呢？即便是他做了之前所述的努力。

于是，作为反对沃尔夫冈·魏格纳的新海军思想的保守军官之一，埃里希·雷德尔提出了 Z 计划。

这是一个纳粹德国海军的造舰发展计划，埃里希·雷德尔的目标是在短短数年间重建海上军事力量，让德国拥有向最强大的海权国家挑战的实力。Z 计划有多种版本存在，并且也存在一些出入，下表列出数据仅供参考。

舰　名	版本 1	版本 2	版本 3
装甲舰	3 艘	20000 吨级 12 艘；10000 吨级 3 艘	3 艘
驱逐舰	68 艘	68 艘	68 艘
战列舰	56000 吨级 6 艘；42000 吨级 2 艘	10 艘	8 艘
战列巡洋舰	31000 吨级 3 艘	10 艘	5 艘
轻巡洋舰	44 艘	16 艘轻巡洋舰；5000 吨级搜索巡洋舰 22 艘	13 艘
重巡洋舰	5 艘	5 艘	5 艘
航空母舰	2 艘	4 艘 20000 吨级	4 艘
潜艇	249 艘	249 艘	249 艘
其他	90 艘鱼雷艇	90 艘鱼雷艇	90 艘鱼雷艇；302 艘 S 艇

这项计划制订后，埃里希·雷德尔又经过了一些改良，具体来说有两种选择模式：

其一，优先建造装甲舰、潜艇等破袭型舰艇。优点是所需时间较短，适合短期开战的需要。

其二，将战列舰置于优先地位，所需时间较长，虽然攻击力将大大加强，若战事在一两年内爆发，大型主力舰是没有办法及时参战的。

1938 年 10 月 31 日，埃里希·雷德尔向希特勒呈报了 Z 计划，希特勒竟然选择了第二种模式，并作出承诺，海军的造舰计划将得到最大力度的人力、物力方面的支持。听了这话，埃里希·雷德尔虽然欢欣鼓舞，却也有些隐忧，他担心德国根本无法在这么短的时间里完成这项计划，希特勒却这样说道：

在我的政治蓝图中，1946 年以前是不用动用海军的。

显然，这位帝国元首对战争形势，以及国家力量抱有很大的信心，甚至说是自负了。

那么，Z 计划到底发挥了多少作用？

4

应该说，Z 计划在一开始还是取得了不错的战绩的。德国的海上力量确实击沉了不少同盟国的商船，但希特勒急于求成，对于加快建造潜艇，以便获得更多战果表达了较高的期望。

只是，随着战事的发展，海上交锋逐渐转变为吨位战，而德国的潜艇

第四章　不甘寂寞：德国海上力量的宿命

数量在战争爆发时是当时世界海军列强中最少的，好在潜艇总司令卡尔·邓尼茨采取狼群战术，加上先进的通信技术，才取得了不错的战绩。

这种局面持续到了 1943 年，之后，德国潜艇在大西洋就越来越力不从心了。由于盟军破解了他们的密码，又开发了多种先进反潜武器，如更为先进的声纳、雷达系统、深水炸弹等，再加上大量护卫航空母舰和反潜战斗群开始加入护航，狼群战术受到了极大的限制，潜艇也损失惨重。

于是，德国后来改为采用单舰巡弋的战术。到战争后期，德国海军研制出了先进的通气管式潜艇，即 XXI 级和 XXIII 级潜艇，这属于德国的一级潜艇，也是世上第一种完全为水下作战设计、而非以前为攻击和躲避水面舰攻击才下潜的潜艇，其厉害程度不言而喻。然而，这并未起到扭转战局的作用。

1939 年 8 月 19 日，埃里希·雷德尔对海军下令，所有海军舰艇进入备战状态，此举意在希望英法两国会在但泽的领土纷争上妥协。

根据《凡尔赛和约》，东普鲁士西端城市但泽及其附属地区被辟为自由市，由国际联盟管辖；但在经济上划入波兰关税区，成为波兰的出海口。

但泽有多么重要，德国当然知道。"一战"后，波兰复国，根据规定，原属德国领土东普鲁士和西普鲁士间、沿维斯瓦河下流西岸被划出一条宽约 80 公里的地带，即波兰走廊，作为波兰出波罗的海的通路，并把河口附近的格但斯克港划为但泽自由市。这样一来，德国就被分成了两个不连接部分。

1939 年，希特勒借口要收回波兰走廊，波兰拒绝。随后，德军入侵波兰，要求把以前割让给波兰的一切领土和波兰西部全数吞并，第二次世界大战由此爆发。这期间，德国海军参与了西盘半岛战役和炮轰但泽湾的海战。当埃里希·雷德尔听到宣战消息时，却悲观地说道：

现在，水面舰队能做的只有一件事，那就是表现出他们懂得如何英勇赴死。

毕竟，在 Z 计划才刚实施的现实下，德国海军能出战的只有 2 艘战列巡洋舰、3 艘装甲舰、2 艘重巡洋舰、6 艘轻巡洋舰和 34 艘驱逐舰及鱼雷艇。潜艇总司令卡尔·邓尼茨也曾说：

早在战争爆发时，我们就被打败了，因为德国并没有在海上做好万全准备。

不管怎样，战争一旦开始，就如开弓没有回头箭，德国必须积极作战。埃里希·雷德尔命令海军发起攻势，开始攻击盟军船只。卡尔·邓尼茨命令潜艇部队进入大西洋，他希望在英国启用护航制度前尽可能多击沉一些船只。1939 年 9 月 3 日，驶往美国的英国客轮雅典娜号被德国 U–30 潜艇击沉，随后英国又被击沉了 43 艘船只，英国由此断定德国已经采用了无限制潜艇战的作战模式，决定启用护航制度来应对。

1939 年 12 月 13 日，英德两国海军在拉普拉塔河口交战。在这之前，埃里希·雷德尔已让舰长汉斯·朗斯多尔夫将格拉夫·斯佩海军上将号开往大西洋，以防开战后被英国封锁北海及波罗的海的出口。这是德国海军最为活跃的海上袭击舰，击沉了多艘商船并屡次逃过英、法海军舰队的追击。

到 11 月，它进入马达加斯加以南海域，短暂逗留后又返回大西洋。在往返的巡航中，击沉了 50000 吨商船，包括数艘油轮，对敌方海上运输线造成了很大的威胁。值得一提的是，格拉夫·斯佩海军上将号接到的命令是：

格拉夫·斯佩海军上将号

尽可能多地摧毁敌方的商船，以便扰乱战争对手英国和法国的补给线。

不忍遭受损失的英国在南大西洋集结了大量的军舰，开始对格拉夫·斯佩海军上将号进行大规模的搜索。

参与这次搜索行动的有英国的皇家方舟号航空母舰、声望号战列巡洋舰，它们在弗里敦半岛附近搜索，2艘法国重巡洋舰和竞技神号航空母舰则在达喀尔一带寻找，还有2艘重巡洋舰在好望角巡逻。另，南美巡洋舰中队也驻到福克兰群岛，由亨利·哈伍德指挥，该舰队包括坎伯兰号、埃克塞特号重巡洋舰及阿贾克斯号、新西兰海军的阿基里斯号轻巡洋舰等，由于坎伯兰号在风暴中受损，当海军部命令出击时，仅有3艘巡洋舰能与敌方对抗。

一场大战一触即发。凭借作战经验，亨利·哈伍德判断出德国军舰会前往拉普拉塔河河口。于是，他让英军舰队尽快到达河口，并立刻展开搜索。12月13日凌晨6时14分，双方都没有发现对方。然而，就在这时候，德国海军犯下了严重的错误。

德国一方通过瞭望判断英军兵力为1艘轻巡洋舰、2艘驱逐舰，这样的规模不过是一支护航运输队而已，舰长汉斯·朗斯多尔夫作出了这样的结论。他没有下令转向规避，而是加速追击。

格拉夫·斯佩海军上将号配备有6门11英寸主炮，射程近30000码，而埃克塞特号配备了8英寸主炮，射程才为19900码。这就是说，假如舰长汉斯·朗斯多尔夫下令转向撤退，亨利·哈伍德的埃克塞特号必须经过30000码至19900码的危险区才能追上。显然，这对德国人有利。

亨利·哈伍德命令埃克塞特号转向西北，而阿基里斯号和阿贾克斯号则保持东北航向，采取夹击的形式进攻格拉夫·斯佩海军上将号。

失败从一开始就注定了。在走投无路的情况下，舰长汉斯·朗斯多尔夫不得不指挥战舰驶向中立国乌拉圭的蒙得维的亚港。然而，乌拉圭这个拉美国家与英国的商业关系甚密，加之英国的外交施压，最终只同意德国战舰在港内停留72小时。

就这样，这艘曾经立下过不错战功的袖珍战列舰，结束了它最后的生命。不过，其舰长及船员在战争中的人道主义行为却赢得了对方的尊敬。在之前的破交战中，没有杀死敌方商船的船员，而是把这些船员接上舰，给他们食物和水。

拉普拉塔河口海战后，德国又有 2 艘轻巡洋舰被英军潜艇重创，只能待在港中修补。没有办法，埃里希·雷德尔只能采用伪装巡洋舰去攻击敌方的商船。目的是缓解这样的尴尬境况，给工业制造（**各类舰船的建造**）提供相对充足的时间与原料——德国对来自瑞典的铁矿十分依赖，这些铁矿主要经由挪威纳尔维克港和瑞典吕勒奥运输。最重要的是，纳尔维克港冬天不会结冰，可全年无休地供应铁矿。

1940 年 4 月，德国决议发动威瑟堡行动，派兵从海路入侵挪威。在争夺挪威的海战中，德国虽然取得了较大的胜利，但自身也元气大伤，之后再未翻身。此战后的德国水面舰队很少实施大规模的海上行动，只能依靠潜艇在远海作战。

在这次行动中，首次使用了陆、海、空立体作战的战术。埃里希·雷德尔任命了一个非常厉害的人物参战，他就是海军少将刚瑟·吕特晏斯。其任务是指挥沙恩霍斯特号和格奈森瑙号吸引英国舰队，掩护登陆部队。这是整个战役中最危险的任务，刚瑟·吕特晏斯不负所望地完成了。

刚瑟·吕特晏斯凭着出色的军事指挥及作战能力，为德国立下了诸多战功，虽然在开始的战斗中出师不利——刚到挪威就碰到英国的声望号战列巡洋舰，紧接着，格奈森瑙号中弹，主火控系统损坏。他分析，从攻击力来看，声望号战列巡洋舰拥有 6381 毫米的大炮，而 2 艘己舰上共有 18 门 280 毫米主炮，从理论上讲是完全可以取胜的。但是，吕特晏斯选择了迅速向北撤退的策略。他心里很清楚，就算与声望号直接交火，纵然击沉了敌舰，自己也无法脱身。因为，这时候英国本土的舰队会把他死死地咬住。以德国海军目前的实力，根本不可能和英国硬拼，唯有先保存实力，才能最终消灭敌人。

定下策略，刚瑟·吕特晏斯充分利用 32 节的高航速甩掉了敌人，同时使敌人远离了登陆区。完成任务后，他指挥两舰返回了威廉港。6 月 4 日，他再次出击，前往挪威支援陆军。在这次任务中，他表现更为出色，居然用舰炮击沉了敌方的航空母舰。6 月 8 日在击沉敌方一艘运兵船和一艘油轮后，于下午又击沉了英国的光荣号航空母舰以及两艘驱逐舰。随后，他在大西洋游猎了一圈才回到基尔港。

1941 年 1 月 22 日，刚瑟·吕特晏斯继续实施扰乱大西洋航线的破交战。当他在格陵兰以南发现 HX-106 船队由战列舰护航后，立刻改变计划，向西驶去。他知道，眼前的情形不适合开战，在脱离敌人后，又向北航行，到达戴维斯海峡。在那里待了十天，绝不贸然出击。十天后，向南航行，这时终于有了出击的机会，在成功打沉 5 条商船后，快速驶向非洲。当被敌方发现后，他又再次折回西北，一连打沉 16 条商船。随后，又快速取道东南，返回法国布列斯特。

不得不说，刚瑟·吕特晏斯这样的打法，在雷达、舰载机都不如对方的情况下能做到成功地避开敌人主力，并巧妙地利用船速，绝不硬碰硬，游击而歼之的策略让敌方头疼不已。这次出击，他总共击沉了 11 万吨的货船，并且成功地吸引了英国海军的注意，掩护友舰从北路回国。

1941 年 5 月 18 日，刚瑟·吕特晏斯指挥德国最精锐的战列舰俾斯麦号和重巡洋舰欧根亲王号出海，任务是切断英国的大西洋交通线。这次出击，希特勒也很重视，出发前亲自到俾斯麦号上视察，并召见了吕特晏斯。然而，有着清醒头脑的吕特晏斯对这次出击并不乐观，他太了解英国皇家海军了，认为单凭俾斯麦号是不能抗衡敌军的，建议埃里希·雷德尔等沙恩霍斯特号和格奈森瑙号修复完成，以及提尔皮茨号下水后，采取四舰共同出海的规模作战。然而，埃里希·雷德尔没有采纳，他固执地认为大西

131

洋和地中海上的战斗都到了最关键的时候，德国已经没有多余的时间去等待了。

假如刚瑟·吕特晏斯的建议被采纳了，那么德国同英美为争夺大西洋制海权而进行的大西洋海战的胜负犹未可知，而大西洋战场谁主沉浮也就不可知了。因为，英国海军如果同时面对这四艘德国军舰，必须把所有的战列舰集中使用，才有取胜的可能。另外，就算当时英国再搭配为数不多的航母舰载机协同作战，也不能做到同时击沉这四艘军舰。

刚瑟·吕特晏斯只能无奈执行命令。临行前，他悲观地说，由于战斗的实力相差悬殊，恐怕他将会搭上性命。5月24日，在他的指挥下，英国的胡德号战列巡洋舰被击沉。这件事极大地刺痛了英国人。要知道，这可是他们引以为傲的海军象征，胡德号属当时世界上最大的军舰，服役时标准排水量达41785吨，拥有四门双联装381毫米主炮和31节的航速，曾多次作为展示英国国威的礼仪舰巡游世界各国。

胡德号战列巡洋舰被击沉，极大地伤了英国人的自尊。他们决定围攻刚瑟·吕特晏斯指挥的俾斯麦号。在英国海军的全力袭击下，俾斯麦号严重破损，5月27日，于布雷斯特西南450海里处沉没，吕特晏斯这位"二战"德国海军最杰出的水面舰艇指挥官也命丧大西洋。

在埃里希·雷德尔的Z计划下，德国海军在战争中的表现可圈可点，在海战期间也涌现出了不少优秀的海军将领，像卡尔·邓尼茨、刚瑟·吕特晏斯、约翰内斯·巴赫曼、奥托·巴肯考尔、马克斯·巴斯蒂安、保罗·弗兰格尔……他们都在帝国战争中取得过不错的战绩。

然而，由于计划本身也存在很多不足，再加上很多计划内容实施不到位，或者来不及实施等原因，特别是到了后期美国的参战，更让德国海军雪上加霜，而盟军对德国工业尤其是潜艇制造工业基地的轰炸，使德国损失的潜艇难以得到补充，德国终究没能取得最后的胜利，"一战"的悲歌再次上演。

四、地理环境与世界政策的尴尬

1

1914 年前，德国曾试图通过某种快捷的方式实现其统一欧陆、称霸全球的梦想。就海上霸权而言，德国海军知道自己的潜在对手是英国，由此制订了提尔皮茨计划。

其实，对于德国这样的陆上强国，不可避免地拥有一些不利的海洋地理因素。阿尔弗雷德·冯·提尔皮茨的战略计划，将海权的作用看得过重，以为可以替代强大的陆军，使德国摆脱狭隘的欧洲大陆情结。

这种观念的错误源自于对阿尔弗雷德·赛耶·马汉思想的不透彻理解。得海权者得天下，他过于迫切，导致很大程度上不切实际地实施了海外贸易与殖民领地的称霸全世界的理念。

英国雷丁大学国际政治与战略研究教授科林·格雷在其著作《海上力量的影响》里对海军的作用这样阐述道：

只能出于战略影响在海上打战，因为那样可以保护生活在岸上的人的安全。

这就是说，海上力量也即是海军部队是在冲突中获得整体战略影响的主要方式。这样的方式要发挥作用，只能是在危机和战争时期，且只能影响陆上事件，而非仅控制海权以维持一家独大的模式。

从历史上来看，海上力量本质上是战略得以实现的有力工具，它必须与现代技术相适应，要在各种层次的冲突中积极灵活地发挥作用。

以二级海军力量为例。如战列舰舰队要想使它们具有战略用途，不仅需要它们拥有能够消除敌方自由使用海洋的能力，还得以积极的目的使用海洋。而德国的远洋舰队在很多时候根本无法承担其中一项任务，更不用说两者兼具了。

阿尔弗雷德·赛耶·马汉心目中的海权大国是既不被迫通过陆地来防御自己，又不用被诱惑通过陆地来扩展其领土，这种理想的模式显然不适合德国。事实上，俾斯麦的战略计划是正确的，德国夹于法国和俄国这两个陆地大国之间，在地缘策略上具有较大的可操作性。

这一点，我们可以反过来看，正如阿尔弗雷德·赛耶·马汉告诫英国，爱尔兰可能会封锁英国进出大西洋公海的通道一样，英国也会封锁德国通往关键航线的通道。于是，德国被困死在斯卡帕湾的悲剧就出现了。

这其实已经可以说明海权力量的伸展的确与地理环境有着密切的关系，德国也不是没有人能看出，比如德意志帝国最天才的海军思想家沃尔夫冈·魏格纳中将当时就主张，德国需要夺取挪威、设得兰岛（**位于北海与大西洋之间的离岛**）、奥克尼群岛（**苏格兰北方沿海32公里处**）、冰岛以及其他通往大西洋的门户。

遗憾的是，他的战略观点遭到排挤，参谋长冯·勒维措夫海军上将（**阿尔弗雷德·冯·提尔皮茨战略的支持者**）将其斥作缺乏进攻精神、对地理学鬼迷心窍的"吹毛求疵者兼中学教师"。

2

在维多利亚时代，德国的统一对欧洲均势是有影响的。虽然，那时英国长期将俄国视作最大的威胁，但德国的迅速崛起，让大不列颠帝国深感不安。

当英国的海上力量在向东方拓展航线时，俄国也没有闲着。强悍无比的哥萨克骑兵以所向披靡的势头横扫东面疆域。这两个强国都在向东方进发，在那里，有着诱人的利益存在——中国。英国以海权力量为"武器"打开了中国的国门，俄国则以陆权力量在远东的中国横冲直撞。

英国与俄国向东的扩张模式，为阿尔弗雷德·赛耶·马汉与哈尔福德·麦金德这样的战略家的理论提供了海陆相博弈的碰撞历史。前者其实也曾看出，以俄国这样的地理位置，要想通过海权力量去控制阿富汗山脉和突厥斯坦与蒙古东部的沙漠地带是行不通的，这样的"中心地带"难以凭海权去触及。俄国若想称霸世界，较好的路线是经由海洋出发，在东部拥有可以抵达中国的海岸线，在西部经波斯抵达波斯湾，或者经黑海，也可以经小亚细亚抵达地中海。

也就是说，俄国可以采用沿两翼发展的战略，倘若成功的话，就能获得不冻港以接近海洋，然后伺机拓展海域。

其实，在海权陆权的问题上，两者会形成一种互补关系。陆地会给海洋造成重要影响，而海权是为了保障航道的通畅。因此，必须控制沿岸，获得优良的港口以及能扼守航道的基地。陆权与海权相比较，后者灵活性上更胜一筹，对于拓展海外贸易具有更大的空间性。

至于陆权，哈尔福德·麦金德认为古时候马匹、骆驼当道时其尚可与海权的灵活性相比，当然，到了现在，空运、铁路运输的发展也让其可与海权相比，但综合考虑，海运依然更占据优势一些。关于世界"枢纽地区"的划分，在他看来有两个：

一是内部或边缘新月形地区。

二是外部或岛状的新月形地区。

这或许是欧亚大陆国家的现状，或者说据此展开一种适合本国崛起、强盛的战略。以陆权为主的国家，凭借人口和生产力的优势以及广袤的地域，剥夺海洋国家的基地，使海洋国家的水域成为内海，将它们死死锁住，从而在合适的时候一举迸发，最终获得胜利。就像马其顿人之于希腊与腓尼基人、罗马人之于地中海各海洋国家那样。正如阿尔弗雷德·赛耶·马汉所说：

我们可以大谈船只的机动性、舰队之便于远征，但是，归根到底，海上强国基本上取决于适当的基地，物产丰富而又安全的基地。

关于这一点，以大不列颠帝国为例来作分析再适合不过了。英国的海权遍及全世界，但它真正的基地却不在海洋，而是在英格兰平原，那里土地肥沃且"与世隔绝"，从平原边缘发掘出来的煤与铁，为英国提供了大量的财富支撑，这才是其在与荷兰、法国等国家竞争中获胜的关键。不过，也许那时候的英国并不明白，认为海上强国在与陆上强国交锋时，乃是凭借优良的港口与航线等取得的最后胜利。然而，假如没有强大的陆权资源支撑，就会落入无根之木的境地，比如日本，就是个有意思的说明。

因此，陆权与海权其实应该是互补的，单纯偏爱某一方是缺乏理性思考的。阿拉伯帝国就失败在游牧民族的人力匮乏上。所以，勇猛的哥萨克骑兵在不断的征服过程中，也不得不先消化征服的地区，再继续前进。而俄罗斯帝国的势力蒸蒸日上，正是建立在这一点上。向海权进发同样是某种必要，如果俄罗斯帝国不想被封锁的话，那就必须打破它，必须占据波罗的海、黑海，甚至更多。

那时，对于德国这样正在崛起的国家，哈尔福德·麦金德曾这样说道：

> 他决定不把日耳曼的统一建筑在法兰克福和西方理想主义上，而是建筑在柏林和东欧的组织上……他要一个在普鲁士控制下的团结一致的东欧，却要一个四分五裂的西欧。

德国以欧亚大陆作为海权基地的战略，使得它成为世界帝国有了更多的可能性，有句话说得好：谁控制了东欧谁就能以此作为基地，继而控制全世界。

但德国这样的陆上强国，渴望仅以一种方式实现目标，如提尔皮茨就构想：从海上胁迫英国，以 61 艘主战舰组成的舰队驻扎在离英国东海岸仅 200 英里的地方，这样必然对英国构成巨大威胁，致使伦敦别无选择，只能答应柏林的要求。只是，德国并无能力在拥有强大的陆权的同时，又保证拥有强大的海权，或者一支一流的海军。

德国却认不清这样的事实，以两次赌国运般的冒险试图成为统治世界的主人，显然，它失败了。不过，德国还是这样去做了，于是就有了两次世界大战。

第五章

海上霸主：西班牙的崛起与衰落

一、影响世界的西班牙征服者

1

有这样一种说法：西班牙在新大陆的崛起得益于克里斯托弗·哥伦布，以及《托达斯勒条约》。前者我们比较熟悉，后者则是西班牙与葡萄牙之间的条约。

西班牙人有一种高度的自信与野心，尽管这种野心在很大程度上与人类对财富的欲望有很大关系。

传播文明是一项伟大的"工程"，西班牙人觉得自己就是这样的"伟大使者"。那时候，他们的教皇权力极大。基督文明是他们所崇尚的——西班牙人在踏上新大陆后，就开始了一系列的"传播行为"。譬如1519年，一个叫科尔特斯的大殖民者带领着100多名水手，500多名士兵来到了美洲大陆，其中只有13个士兵有火枪，32个士兵有石弓，外加16匹马，他们分坐在11条船上，另外还配备了10门重炮、4门轻炮……就这样，他们于耶稣受难日那天在墨西哥东海岸的水面上出现了。

科尔特斯是一个狡猾的、贪得无厌的、野心勃勃的家伙。（顺带一提，他同时还极富魅力，且开朗放荡，身边从不缺少女人。）正是因为具备这样多的特质，让他征服了一个拥有500万人口的帝国——墨西哥，而花费的时间仅仅两年。

在美洲大陆上岸后，他明智地认识到，绝对不能冒然前行。虽然他野心勃勃，并且已经按捺不住，然而，他还是选择在海岸附近停留了一段时间，然后，收集了不少关于墨西哥形势的情报。如非常重要的一条：阿兹特克人在内陆有大量的贵重金属，更重要的是，被其征服的其他印地安部落此刻正咬牙切齿、磨刀霍霍。

在兵法中，这些仇恨情绪显然可以利用。科尔特斯当即决定向内陆进军，进攻阿兹特克的领地：他学中国的项羽使出了"破釜沉舟"的策略，在进军之前毁坏了船只，迫使他的士兵要么浴血奋战，要么被印地安人斩首杀头，于是其手下士兵们都"疯了"，一个个杀红了眼，不顾一切地冲上前，那里有他们想要的财宝、女人……

西班牙就这样在墨西哥建立了殖民地。

之后，西班牙还在秘鲁发现了印加人的部落，而印加文明也从此受到巨大影响。然后还发现了秘鲁。这一连串的发现，让我们不得不承认上帝是多么地眷顾西班牙。

弗朗西斯科·皮萨罗，这个让世人震惊不已的文盲冒险家，狂妄贪婪、冷酷无情，同时又野心勃勃、机敏奸诈，他从巴拿马起航，以不足 200 人的队伍，去征服人口约为 600 万的印加帝国。这一壮举让弗朗西斯科·皮萨罗成为西方蓝色文明的一个典型缩影。作为现代秘鲁首都利马的建立者，他无疑开启了西班牙征服南美洲的时代。当年，他意气风发，单手一挥，"加略岛十三勇士"从此名扬四海。

西班牙历史上，弗朗西斯科·皮萨罗和科尔特斯享誉盛名。美国学者麦克·哈特在《影响人类历史进程的 100 名人排行榜》里，给予了他们很高的排名：弗朗西斯科·皮萨罗排名 62 位，科尔特斯排名 63 位。

可叹的是，因西班牙人的内讧，皮萨罗死在了自己的宫殿，时年 66 岁。

141

皮萨罗征服印加帝国

据说在临死前，他还用自己的血在地上画了一个十字符号，高喊："耶稣！"

大无畏的决心与对财富、权力的欲望，再搭配上"阴谋诡计"，这就是西班牙人获胜的根本原因。很多时候，兵者，非利器也，而是内心狂热的无穷力量。

142

2

当西班牙在中南美洲建立了稳定的殖民统治后，从那里获得了大量的财富，从而使得他们的国力得到快速增长。

西班牙在墨西哥获得了不菲的黄金后，又在秘鲁找到了大量的金矿，当然，还有其他的物品。而那些本地土著从此沦为了"下等民"（**事实上的奴隶**），这样的命运是十分悲惨的。据说，有超过 100 万的秘鲁原住民死于挖掘金矿的苦役中。

海洋上的开拓与角逐充满了野蛮的暴力成分，他们从最开始的单一、简单获取与交换逐步转为了强行掠夺与奴役。这是海洋权力的大变革，它成为了海上帝国称霸世界的疯狂积累方式。那里无数的人民被逼迫到矿井里进行高负荷作业，一箱又一箱、一船又一船的金银被西班牙人定期运往欧洲。

　　当然，分析事物的角度不同会导致不同的结论出现。譬如，哥伦布发现新大陆，一方面来看，身为意大利人却成了西班牙崛起的功臣，似乎有些不可理解；另一方面来看，却也只有当时的西班牙能够成全他的航海伟业。又譬如，当我们为印第安文明的毁灭而惋叹的时候（在此过程中，西班牙人肆意破坏生态，导致天花大量流行，原住民人口急剧减少，墨西哥在被西班牙征服前人口数量大约有2500万，到了16世纪中期就只剩下600万了，到了17世纪初，人口数量更是锐减到100万），从另一个角度来看，未尝不是开启未来文明碰撞以及全球化的开端。

　　在这样的航海大时代下，西班牙因为君主专制（如女王伊莎贝拉在国

哥伦布登陆美洲

第五章　海上霸主：西班牙的崛起与衰落

家权力体系中就拥有相当大的发言权和决定权），似乎注定了其崛起是迟早的事。再加上强大的葡萄牙的航线封锁、宗教狂热等因素，都为开辟新航路发现美洲埋下了伏笔。而大量的财富也就源源不断地开始涌入西班牙，自然而然地，也让其他如英国、法国、荷兰等国家分外眼红，于是，海上权力的争斗将不可避免。

西班牙在美洲新大陆建立了殖民地后，并不满足于此。麦哲伦航线的开辟、美洲南部海道的发现继续刺激着狂热的西班牙人进行探索。1525 年，一个叫加西亚·德·罗艾撒的家伙离开西班牙，开始了海上探险之旅。随行的胡安·塞巴斯蒂安·德尔·卡诺也是一位厉害角色，此人曾是大航海家麦哲伦的副手，尽管他有着不光彩的经历（**据说，他是麦哲伦大海航行暴动的阴谋者，只是因为运气好，没有被揭发**），但加西亚·德·罗艾撒看好他的能力。

他们出发了，穿越麦哲伦海峡，期望能到达香料群岛（**即东印度群岛**）。然而，他们在途中遭受了意外，7 艘护航船中有 3 艘未能成功通过麦哲伦海峡，其余的好不容易到达了太平洋海域，但是也分散了。只有维多利亚号较为幸运，到达了香料群岛中的蒂多雷岛。

西班牙继续在海上探索与开拓。后来，他们又发现了菲律宾群岛。几十年后，他们建立了跨越太平洋北部的贸易航线。这里面，米格尔·洛佩斯·德·莱加斯皮、安德烈斯·德·乌尔达内塔、阿隆索·德·阿雷拉诺等人功不可没，西班牙人通过在太平洋的数次航行，终于掌握了北太平洋上季风和洋流的规律。

到了 16 世纪中期，只剩下太平洋南部还有大量区域没有探索，但西班牙对此区域的向往还是较为强烈的，于是，他们把这一大片区域命名为澳大利亚，意思是未知的南方土地。

菲律宾群岛中的吕宋岛在被发现后，迅速成为东方贸易的中心，而西班牙在此一处就获利匪浅，更不用说其他航线了。这样看来，西班牙从海上获得的利益真的是不可估量。

　　随着西班牙从海外贸易中获得的资本越来越充足，其崛起的势头也就愈发"势不可当"了。事实证明，西班牙帝国的确如愿以偿地建立了起来：1521—1643年，这是日不落帝国——西班牙的黄金年代。

　　然而，极度的辉煌也受到了其他国家的垂涎和觊觎，西班牙在海上的霸权将面临可怕的威胁。

二、打劫海上霸主

1

　　对于西班牙的暴富，英国人早就眼馋了。

　　有这样两个英国人，他们为了那金灿灿的财富可谓是煞费苦心，这两个人是，弗朗西斯·德雷克和约翰·霍金斯，让我们记住他们的名字。

　　1573年2月，这两人在巴拿马地峡雁列山脉的某一山口向着远处瞭望。当然，他们能顺利登上去，得感谢马伦族印第安人。

　　此刻，他们向四周望去，一眼看不到边的开阔顿时映入他们的眼帘：

　　一边是波光粼粼的大西洋，那是他们来时的海路；另一边是太平洋，那里雾蒙蒙又泛着闪闪光亮。

　　弗朗西斯·德雷克无比兴奋，开始大声地向上帝祷告：有生之年，一定要亲自指挥第一艘英国舰船在太平洋上航行。

随后，更大的惊喜出现了。原来，从秘鲁矿场运送金银出来的车队正从雁列山脉经过，数量非常多，多到连西班牙人都无法守护护航。

弗朗西斯·德雷克决定出手了，开始他最擅长的勾当——打劫！

经过一番人仰马翻的战斗，这一票收获不菲，得到了多达 10 万比索的金银财宝，回到英国后，他"理所当然"地成为了富翁，然而，这些财富于他的梦想——航行太平洋来说，差得还是太远。所以，他需要得到王室的支持。因为航行太平洋所需的费用实在是太庞大了！

有一个疑问其实一直都存在：弗朗西斯·德雷克为什么敢去打劫强大的西班牙帝国的金银财宝呢？这事还得往回说起。

1568 年，弗朗西斯·德雷克和表兄约翰·霍金斯带领 5 艘贩奴船前往墨西哥（这两人的走私贸易当然是罪恶肮脏的交易，他们身上都沾满了奴隶的鲜血。当然，他们的走私贸易也影响到了西班牙的贸易利益）。

当时，他们受到风暴的猛烈袭击，船只损坏严重，无法继续航行。于是，他们求助于西班牙，随后便驶入港口进行维修。然而，几天后突然发生了惊天变故，西班牙总督突然下令：处死他们的全部船员。这就是让英国人愤怒不已的圣胡安港事件。

原以为跟随他们能发横财的英国船员们，做梦也没有想到，这一趟走私之行竟然成为了丧命之旅。当鲜血染红了海水，一切复归平静，好不容易捡回一条命的弗朗西斯·德雷克和表兄约翰·霍金斯瘫坐在地上，他们怎么也想不明白：西班牙为什么要屠杀他们？凭什么只有西班牙才能享受新大陆的财富？

一颗仇恨西班牙并誓死要复仇的种子，在不知不觉中产生，并且深深扎入了他的心底。

四年后，也就是 1572 年，复仇行动开始了，弗朗西斯·德雷克带领他的复仇小船队横渡大西洋，悄然躲进了巴拿马地峡。随后，他们以坚韧的毅力躲在南美丛林里近一个月。

　　这样的付出在不久后得到了回报，而这种回报对他、对英国来说都是具有重要意义的。这主要表现在以下三方面：

　　其一，抢夺了大量的黄金，财富陡然剧增。

　　其二，弗朗西斯·德雷克成为英国人的英雄，获得了大量民众以及英国皇室的支持。由此，他受到伊丽莎白女王的召见，并很快成了她的亲信。

　　其三，通过这次行动，让英国看出了端倪：西班牙不是不可侵犯的。这也为日后的撕破脸提升了信心。

　　1577 年，弗朗西斯·德雷克开始了一场由南美洲到南太平洋的航行，此事得到了伊丽莎白女王一世的大力支持。于是，他带领船队沿着非洲西海岸南下，横渡大西洋，于 1578 年春到达了巴西。接着，他沿南美洲海岸南下。

　　这次他有了重大发现——位于南美洲的最南端火地岛和南极洲隔开的航道。

　　返航时，他沿着南美洲的太平洋海岸向北行驶，横渡太平洋到达香料群岛，最后绕过好望角返回英国。

　　这次航行，弗朗西斯·德雷克的船队全副武装，很明显，他打算给西班牙一点厉害瞧瞧。1 月 7 日，当他们到达里尔角海域的时候，3 艘西班牙捕鱼船与他们遭遇了。面对德雷克如此庞大的船队，西班牙人没有任何逃走的机会，随着弗朗西斯·德雷克一声令下，仅一会儿工夫，所有的货物就被一劫而空。

　　弗朗西斯·德雷克觉得这样还不解气，又强令这 3 艘西班牙船跟着他们走了 900 英里。当然，西班牙人也不甘坐以待毙，中途连连使绊。出于大局考虑，德雷克还是放了这一帮西班牙人。

　　然后，弗朗西斯·德雷克的船队继续前行，他们绕过布兰克角，在那里，又发现了几艘抛锚的葡萄牙船只。

　　葡萄牙人看到这突如其来的大船队，一脸惊恐。

　　以弗朗西斯·德雷克的作风，自然不会放过他们。

　　之后继续航行到了佛得角群岛，遇见了一艘名为圣玛利亚的葡萄牙巨船，上面补给充足，装满了红酒、羊毛、布匹。

中世纪时的西班牙战舰

德雷克哈哈大笑，狂叫着，命令手下进攻。

很快这艘巨船就成为他的了，当然也是英国的了。他还将这艘船的名字给改了，改成了玛丽号。

指挥这艘船的是弗朗西斯·德雷克的手下努诺·达席尔瓦，因为，此人知道通往巴西的最佳航线，也熟悉在南美洲海岸航行途中的所有危险。

弗朗西斯·德雷克很会收买人心，为了让努诺·达席尔瓦甘心为他卖命，特意在船长的会议上给了他一个位置；同时还给他配备最好的房间、食物，自然少不了美丽的女人。

由于弗朗西斯·德雷克运回了西班牙的黄金，伊丽莎白女王将其封为了爵士。

2

1578年，弗朗西斯·德雷克的金鹿号船（**因赞助人海顿爵士的徽章盾牌上是一只金鹿而得名**）成功通过了麦哲伦海峡。仅仅七天的时间，在他带领下的3艘船就到达了太平洋，这是一片极度考验航海家们航海能力的海域，上面随时出现的强烈暴风雨让人难以防范。

随后继续前行，尽管中途充满了艰辛，但丝毫不影响弗朗西斯·德雷克的果决。

不久，他得知一艘西班牙的大帆船已经从利马出航，这艘船上装载着巨大的财富，出于海盗的思考方式，一个念头从他心中升起：

打劫一艘宝船！不，不仅是打劫，这里面更有复仇的火药味。

他为打劫而设计的方案十分巧妙，具体是这样做的：

首先，将装满葡萄酒的罐子盖打开，狂饮几口，剩下的倒掉，然后装满海水，再从船尾扔出，当然，其中一头是用绳子拴系在船背上的。接着，将风帆拉起。

由于弗朗西斯·德雷克的金鹿号拖着不少装满海水的葡萄酒罐子，看起来就像是老爷车那样在海面上缓缓地航行——毫无疑问这是骗局，而且，他还把西班牙的旗子挂在了船上，做出慢悠悠地、无害航行的样子……

对方轻易就中计了，他们以为这是一艘跑不快，又装满"不值钱"玩意的商船——比起他们的宝船来说的确是如此。

就在对方放松警惕从旁经过时，德雷克凶狠的嘴脸立刻暴露了出来，他突然砍断酒罐端的绳子，金鹿号随后大显神威，以飞一般的速度追上了西班牙人的宝船。一边靠近着，火炮一边瞄准着，只等一声令下，炮弹飞射而出，继而炸裂。

两船相交，弗朗西斯·德雷克的火炮手表现得非常优秀，第一颗炮弹就准确无误地炸断了对方船的后桅杆，宽阔的甲板上瞬间散落了一地的碎木屑、碎木块，当然，还有折断的杆子和绳索。整艘宝船顷刻间变得混乱不堪，因为他们毫无防备。

混乱中，弗朗西斯·德雷克分派的一队人马已经从船的背风面攀爬了上去。他们的突然出现，让西班牙人更加慌乱、惊恐，短短几分钟时间，这艘宝船就被完全控制了。让西班牙人郁闷的是，他们的船甚至连一颗炮弹都没有发射出去，败得无地自容。

战后，弗朗西斯·德雷克站在西班牙人的船上，扬起双臂，尽管海风淹没了他的欢叫声，但当他跳上这艘船时，内心的极度狂喜已经铭记下这辉煌的一刻——

14 箱装得满满的银子和金币；

大量用金银制作的盘子；

满货舱的银条，至少有 1300 根，闪闪发亮；

数箱珍珠宝石；

……

最后清点时发现，银条总重近 26 吨。难怪英国人看到这些财宝时几乎都不敢相信：1 英镑的投资，就获得了近 50 英镑的巨额回报。简直是一本万利的"买卖"！

这是一次足以写进历史的打劫，弗朗西斯·德雷克成功地获取了西班牙著名宝船卡卡弗戈号上所有的财物。英国人，当然还有那象征着至高无上的女王，给予了弗朗西斯·德雷克极高的荣誉。1580 年 9 月 26 日，当满载巨量财宝的金鹿号船驶进普利茅斯港时，伊丽莎白女王登上船，在甲板

中世纪时的海战

上授予了德雷克骑士爵位。

弗朗西斯·德雷克就此实现了从农民到英雄的华丽转身。据说，在 33 年（1937—1970 年）的时间里，英国的半便士钱币上，一直刻着德雷克的金鹿号舰船图案，而流行于英国的民谣《德雷克的鼓》这样唱道：若英国不幸蒙难了，只要德雷克的鼓响起，他就一定会回来为英国解难。

3

当弗朗西斯·德雷克在海上不遗余力地打劫西班牙商船时，另一位传奇人物也没有闲着。这个人在前面已经提及，他就是约翰·霍金斯。

作为弗朗西斯·德雷克的表兄，他当然忘不了西班牙人带给他的那次刻骨仇恨。很快，伊丽莎白女王就任命他为财政大臣，并掌管皇家舰队。

刚一上任，他就投入到具体工作。他召集了一大批经验丰富的航海家，开始设计一种全新的战舰，用以打破西班牙的海上霸权。

1521—1643 年的西班牙帝国正处于黄金时期，拥有无可争议的海上霸权，当时西班牙的海军和战舰堪称整个欧洲的典范，大多以"巨舰"著称，这种舰船的特点是船身宽阔，在船艏和船艉均建有高大的船楼，可以容纳更多的作战士兵。

不过，由于这种巨舰重心高，航速不可避免的有些慢，灵活性较差。当然，从另一方面说，也有航行平稳和抗风浪能力很强的优点。

而西班牙人的海战战法，一直以中世纪的接舷战为主。简单来说，就是先用火炮破坏敌舰的风帆和缆绳，使敌舰失去行动能力，再靠近敌方船舷，由士兵跳帮进行格斗。由于双方距离很近，必须通过靠帮厮杀来决出胜负。有时候，还会造成自身的误伤，甚至混作一团。显然，这是一种古老的海战法，但西班牙一直沿用了下来。

他们在巨舰上的设计也体现出其海战理念，很显然，这种战术理念并没能摆脱陆战的思维模式。这也是其日后失败的一个重要原因。

不得不承认，约翰·霍金斯是一个极富远见的人。

他和他的团队发现了西班牙巨舰的弱点，未来的海战将以火炮为主要进攻手段。于是，他们完全推翻了西班牙巨舰的设计原则。这种敢于打破常规，进行大胆创新与改革的思维模式，让英国在接下来的海战中受益匪浅。

新型战舰的诞生，振奋了英国人的精神。和西班牙巨舰相比，它拥有船型窄长、航速高、灵活性好的特点。由于船舷较低，还完全取消了前船楼，缩小了后船楼。这样一来，整个船的重心就大大降低了，而可配备的大口径重炮又协调地保持了船的整体稳定性。

不过，这样的设计也存在缺点：低矮的船舷一旦被敌方接舷，危险系数将大大提升。当然，这也不是无法可解，只要在战术指挥与发挥上做到机动性与炮火攻击的完美结合，充分利用快速灵活的特点，始终同敌舰保持一定距离，不给敌舰接舷的机会，那这种快速战舰将在未来海战上独树一帜。

在后来抗击西班牙无敌舰队战争中，英国快舰复仇号——也是弗朗西斯·德雷克的复仇之舰，表现不俗。这种快舰是四桅帆船，排水量高达 500 吨，长 36 米，宽 9.6 米。双层甲板的设计是为了装配更多的火炮，以提高火炮的密集度与攻击力。其中，底层甲板装备 18 门口径约 14 公分的 18 磅重炮，通过船身的射窗发射实心炮弹；上层甲板也装备了同样数量的 10 磅火炮，只是口径小了一些，约为 11 公分。

另外，快舰的诸多位置都有着火炮攻击点：在艉艉和船舷还装有若干小口径火炮。在定员的配置上，共计 250 人，军官和水手 140 人、炮手 110

153

人。和西班牙的巨舰定员相比，这些人员一般综合素质与技能都较强，既可当水手使用，也可以在需要的时候操炮和射击。这样一来，即便是在海战中遭受了相当严重的战损，依然可以让战力不减。

有了这样先进的战舰，西班牙在海战中完全无法掌握主导权。等待它们的结局，不言而喻。

在弗朗西斯·德雷克、约翰·霍金斯当然还有更多人的不懈努力下，西班牙交出了自己长时间掌控的海上霸权。

三、帝国没落

1

16 世纪上半叶的时候，西班牙人在加勒比海上的岛屿、墨西哥南部、中美洲，以及哥伦比亚等地都有大量的殖民地，他们在那里开采黄金，大量的财富涌入西班牙。

到了 16 世纪中叶，由于过度开采，黄金产量开始大幅度缩减。16 世纪 40 年代，在今玻利维亚的波托西、墨西哥的萨卡特卡斯又发现两大银矿，大量财富再次涌入西班牙，这是属于西班牙的"海上财富"——大量的白银通过大西洋上的快速航线到达塞维利亚。

在大航海时代，来自于新大陆矿山中的无数金银，其中有 20% 都是属于西班牙国王的。这样的比例是非常吓人的。

大量财富的涌入，让西班牙王室过着奢华、糜烂的生活。更让人瞠目的是，他们还通过热那亚商人的贸易活动，让财富流通到整个欧洲，其中又有不少财富被作为宗教战争的军费而"浪费掉"。

这些，为日后西班牙海上霸权的丧失埋下了祸根。

2

西班牙帝国的衰退始于荷兰起义的爆发。

当时，西班牙在尼德兰地区对荷兰的贵族和官员们征收高额赋税，并试图在加尔文教徒的土地上设立宗教裁判所，意在推行天主教改革。

宗教的分歧历来非常敏感。西班牙的这种强推行为，其弊端终于在反对西班牙驻军的抵抗运动中开始了。

1567年，腓力二世任命阿尔瓦公爵带领1万名士兵去恢复秩序。

阿尔瓦公爵——这个残暴的卡斯蒂利亚人采取高压的威慑手段，在布鲁塞尔市中心下令处决了声名显赫的加尔文派贵族。他不但建立军事法庭，甚至还征收新税。他没有考虑恶果，但这一行径无疑摧毁了尼德兰的自治。

随后，一个名叫威廉·奥兰治的政治家在腓力二世召开的三级会议上，提出减轻税收、撤走外国军队、禁止外国人担任尼德兰官吏等主张。威廉·奥兰治一直在暗中支持"贵族同盟"，并谴责西班牙统治者镇压新教。阿尔瓦公爵于1567年率西班牙军队开进尼德兰后，他选择了退居二线，实际上是去筹集款项，招募军队。1568年，他率军攻入尼德兰，结果被阿尔瓦公爵的军队打败。此后，他开始寻求法国胡格诺教派支持，不幸计划落空。现在，能与他合作的就只有荷兰、泽兰省的加尔文教派了。

就这样，威廉·奥兰治同荷兰的贵族、官员们为了一个共同的目标开始了不折不挠的斗争。

阿尔瓦公爵继续倒施逆行，在1567—1573年间，在尼德兰南部，所设的除暴委员会就处决了好几千人。

1572 年，荷兰的叛乱全面爆发了。

西班牙十分愤怒，派出军队包围了位于阿姆斯特丹西南方的莱顿，结果这个城镇的人民打开堤防，让荷兰的船只轻易地顺水而至，从而赢得了胜利。

1579 年，乌得勒支同盟成立，1581 年，宣布从西班牙统治下独立，并成立尼德兰联省共和国。大面积的战事就这样拉开了帷幕。这也意味着，战线一下子被拉得很长，西班牙的军队将不得不疲于奔命，而各种补给、军费开支等让西班牙的财政倍感吃力。其中有一些细节正反映了这种情况：譬如，向狙击手索要火药和子弹的费用，如此愚蠢的决定加剧了西班牙在征兵和供给方面的矛盾；又如，拖欠士兵薪水，没有充足的食物，漏洞百出的医疗后勤，等等。

航海时代同时也是海盗兴起的年代

156

于是，士兵们的不满情绪日益高涨，逃兵和军事暴动愈发频繁。到了1577 年，在尼德兰的西班牙军队人数竟从 6 万人缩减到不到 8000 人。

可以说，如果西班牙不能速战速决，最严重的后果就是陷入战争的泥潭，导致经济大崩盘。雪上加霜的是，英荷的联盟，无疑又让西班牙处于极其不利的地位。

然后，1586 年，英格兰海军控制了英吉利海峡。

当垂死挣扎的西班牙舰队向北行进时，等待他们的将是覆灭的命运。那里，他们将迎来最可怕的对手——弗朗西斯·德雷克。

3

所谓仇人见面，分外眼红。

弗朗西斯·德雷克少有让人失望，在两次著名的与西班牙舰队的海战中，都发挥得极为漂亮：在加的斯港让西班牙舰队损失惨重；在英吉利海峡，凭借火攻又让西班牙舰队损失惨重。

……

1587 年 2 月 8 日，英国女王伊丽莎白下令处死亲西班牙的苏格兰女王玛丽·斯图亚特。行刑是在北安普敦郡佛斯里亨城堡进行的，罪名是企图刺杀伊丽莎白女王。据说，行刑那天，玛丽·斯图亚特一身红衣，表明她是一位天主教殉教者。当然，历史上享受这样待遇的绝不止她一人，像英格兰国王爱德华也是如此。

得知死讯的西班牙愤怒不已，为自己的计划失败而动怒，有一种说法，西班牙国王曾勾结英格兰天主教势力，图谋扶持玛丽·斯图亚特夺取英格兰王位。

对英宣战在所难免。两国终于拔剑相向了。

但当时的英国海军实力弱小，仅有的 34 艘战舰是无力与西葡联军作战的。关键时刻，弗朗西斯·德雷克出现了。25 只海盗船的加入，让西班牙人吃惊不小，战争形势陡然逆转。

弗朗西斯·德雷克指挥船队沿着西班牙的海岸一路破坏敌军补给线，在加的斯港外击沉了 36 艘西班牙补给舰。随后，他果断发出命令，乘胜追击，一鼓作气地冲进加的斯港，又击沉了 33 艘船只。

5 月 15 日，弗朗西斯·德雷克的舰队突袭了里斯本附近的舶锚地，混乱中千百艘西班牙船只相撞沉没。接下来，他攻占了圣维森特角要塞，扼住了地中海的咽喉。在返回的路上，成功地打劫了西班牙国王腓力二世的运宝船，获取了价值不菲的财富。

正是因为由于这一系列强有力的行动给予了西班牙沉重地打击，为英国争取到至少一年的缓冲时间。英国人太需要时间了，有一种说法是，英国的舰队都是东拼四凑的，里面有海盗，还有皇家海军。但他们的组合也恰好说明了，战争具有无限可能性，战争是各种资源的有效组合发挥。

对英国人来说，他们不会忘记 1588 年，这一年他们打败了西班牙无敌舰队。

5 月 20 日，由米地拉公爵统帅的 134 艘舰船组成的西班牙无敌舰队从里斯本起航。这里面包括船员和水手八千多人，摇桨奴隶两千多人，21000 名步兵。腓力二世想利用西班牙步兵的优势，采用传统战法冲撞敌舰，强行登舰展开肉搏，再夺取英国船只，最后经英吉利海峡直捣伦敦。很显然，西班牙的作战理念并不完全是海战理念，而是"陆战"的方式。可它偏又是海上霸主。

英国方面，由霍华德勋爵任统帅，弗朗西斯·德雷克任副帅。手下是 34 艘皇家海军战舰、60 艘私人船舰（经过改装的商用、民用船）。

约翰·霍金斯也参战了，这让弗朗西斯·德雷克兴奋不已，两人相互击掌，誓要为当年死于墨西哥湾的同伴们报仇。

7月19日，英军开始在英吉利海峡布阵。面对西班牙无敌舰队，面对老式战法与新式战法的交锋，他们自信满满、面不改色。因为，海上的事要由船来解决，和步兵没有关系。

这并非盲目的自信，在火力配备方面英国明显强于西班牙。他们将大部分轻型的长炮布置于两舷，战斗时让舰船首尾相接地排列，采用舷炮进行轰击。

1588年7月22日，英国舰队一字铺开楔入西班牙舰队。这时候机动性强、航速快的舰船优势就体现了出来，西班牙舰队试图接近敌船登陆搏杀的计划落空，在对方强大火力的炮击下，仅仅三天的时间，舰船就损失了十分之一。

7月28日晚，由于英军采取了火船进攻的战术，致使西班牙舰队损失惨重。当然，这得益于弗朗西斯·德雷克等人的建议。到了29日下午6时，西班牙舰队损失近一半，死伤1400人，英军一船未沉，死伤不足百人。

至1588年10月，西班牙的无敌舰队仅剩43艘，又遭遇了海上大风暴，只能拖着疲惫不堪的残部返回西班牙。

这就是著名的英西大海战，它标志着17世纪英国海上力量的崛起，英国在各国的威望直线上升，这种威望对于其国运所具有的信心起到了不可忽视的"励志作用"。

随后，英国逐渐成为海上的霸主。

西班牙帝国从兴起到衰颓，差不多经过了三百年。而西班牙就此一蹶不振，即便是在惨败后50年间仍然保持着所谓的大国地位，但势力已大不如前了。

第六章

传奇日不落：英国海权沉浮

一、通往亚洲的北方海峡

1

英国是在大航海时代后期才崭露头角的，从此一发不可收拾，称霸海洋，主导世界几百年。

由于从大西洋通往亚洲的道路十分遥远，葡萄牙人又垄断了通往亚洲的航海要道，经由太平洋的航线也被西班牙控制。因此，英国面临的形势并不乐观。

剩下的出路只有在加勒比海北方的偏西风海域寻找通往亚洲的航线。

15 世纪，许多欧洲航海家认为，向西横越大西洋就能到达亚洲。不过，上帝似乎有意给英国人开了个玩笑，他们以为的亚洲实际上却是新大陆。

对财富的渴望让英国人在寻找大西洋与太平洋相连通道的艰难探寻中，反而将北美沿岸的广阔海域开辟了出来。英国人坚信在新大陆的北部有一个通往亚洲的海峡，只是目前还没有被发现而已。为此，他们不懈地努力，却进展缓慢，他们勇气可嘉，却时有命丧。

海洋绝不是善茬，它喜怒无常，温柔的时候能让你枕着它入睡，暴躁的时候能让你瞬间消失。

约翰·卡伯特，这个意大利人的死亡却让英国受益匪浅。

意大利航海家约翰·卡伯特，发现了加拿大

在英王亨利七世的支持下,约翰·卡伯特于1497年到达了今天的加拿大,然而他却兴奋地以为这是亚洲的东海岸。1498年，他到达了今天的美国东海岸，英王根据他的报告宣称北美大陆属英国所有。

约翰·卡伯特后，一个叫作罗伯特·索恩的英国人认为北方航线可以到达亚洲，这样就可以与向往已久的中国做贸易了。他提出，西班牙发现了印度诸国与西海，葡萄牙发现了印度诸国与东海，但世上绝对不应该只有这些通道，至少北方航线是可行的。如是，很多商人、航海家，甚至国王都心动了。

法国国王弗朗索瓦一世干脆下令让佛罗伦萨的航海家乔瓦尼·达·韦

拉扎诺展开具体行动，很多商人也纷纷解囊资助——他们太渴望与中国进行交易了。就这样，乔瓦尼·达·韦拉扎诺与吉罗拉莫一起于 1524 年开始了探寻通往中国北部的航海之旅。他们从北非沿岸前往佛罗里达半岛，然后北上航行到达纽芬兰岛，由此地寻找通往亚洲的海峡。可惜的是，希望落空了，他们并没有找到这样的海峡，但是，他们绘制了航海图（**主要由吉罗拉莫完成，他是个绘图高手**）。后来的人根据这张地图，在近百年的时间里都以为韦拉扎诺海有通往亚洲的海峡，实际上，这是错误的，那只是美洲大陆的北方大部分地区而已，根本没有通往亚洲的海峡存在。

1576 年，英国人汉弗莱·吉尔伯特也坐不住了，他觉得从圣劳伦斯河到加利福尼亚湾横跨北美洲的海峡，也就是在北纬 60 度的附近是有一个能抵达亚洲的海峡的。他更进一步地提出，只要利用好位于温带的海峡就能通往摩鹿加群岛，而航行距离地对比西班牙人的更短。这是针对"西北航线"的大猜想，也让诸多商人、航海家们看到新的希望。

英国航海家亨利·哈德孙，他花费了一年的时间进行探寻，却只发现了哈德孙湾，但那并不是通往亚洲的海峡。

那时候，人们对海峡的误解让通往亚洲航线的发现延误了很多年。直到詹姆斯·库克和乔治·温哥华在 18 世纪末对北美洲太平洋沿岸进行探险后，才发现北美洲没有所谓的连接两大洋的海峡。

2

16 世纪，英国为了牵制西班牙，表现得非常积极。

英国人的危机感与对世界的进取心让他们开展了一系列的活动。比如在以加勒比海为中心的区域圈定海上势力范围；比如积极地在北美洲的大西洋沿岸建立殖民地等。这的确起到了很好的作用，英国人认为只要去过那些地方，那地方就是属于它的了，完全的强盗逻辑！

沃尔特·雷利，一位深受伊丽莎白一世宠信的大臣，此人对殖民地的开拓与建立不遗余力。1584年，他获得了殖民许可，仅仅在第二年他就带去了近80人的殖民者，他们企图将罗阿诺克岛作为海上走私的根据地，为的是专门打劫西班牙满载黄金、白银的船只。这个根据地一旦建立，就可以从战略上形成在加勒比海域的影响力。

英国人的如意算盘打得很精细，通过这种"官方的许可"——国家授权英国船只（无论是私人的还是商用的）都可以去打劫敌国的商船，以此弥补海军力量的不足。关于这一点，弗朗西斯·德雷克就是例子。简单来说，在英国当海盗既"容易"又"光荣"。

沃尔特·雷利，英国文艺复兴时期的学者、探险家、政客、军人、诗人

　　沃尔特·雷利在执行过程中遭受了意外，以他为首的殖民活动因为补给问题而夭折了，好在他们遇到了救星——弗朗西斯·德雷克，他们搭载弗朗西斯·德雷克的船返回了英国。

　　殖民活动的受挫是不可避免的。据说，沃尔特·雷利在1587年竟然输送了117名殖民者去罗阿诺克岛，却因为英国要迎战西班牙无敌舰队而无暇顾及其补给不得不以失败告终。

　　好在沃尔特·雷利百折不挠，他又决定对南美地区下手了，因为那里有许多黄金。于是，他开始对奥里诺科河流域的探寻活动。

　　努力总会有回报的，到了1607年，英国终于建立了第一个永久的殖民地——位于罗阿诺克岛西北部的詹姆斯敦，随后，英国又陆续在大西洋沿岸修建了13个殖民地。那些移民到殖民地的英国人，继续为殖民地的开拓起到了重要作用。在之后的三个世纪里，英国不断地在海外扩张势力范围，殖民地最多的时候，竟是其本土面积的110倍，而殖民地人口数接近本土人口的8倍，强大的实力，让英国在欧洲、非洲、美洲、南极洲、亚洲、大西洋都有殖民地。截至"一战"前，其控制的势力范围达到全世界面积的20%。

　　良好的殖民拓展政策为英国的崛起提供了支持。譬如，英国准许迁入殖民地的人民穿过美洲大陆，向北或者向西北方向的海域进行探寻与开辟，以建立更多的航线。

　　对于英国的巨大收获，荷兰人眼红了，他们不甘落后，通过位于阿姆斯特丹的东印度公司，将开发横穿太平洋的西北航线作为重要目标。1609年，荷兰东印度公司看中了英国航海家亨利·哈德孙的能力，决定支持他展开探险。

　　成果出现，荷兰拥有了哈德孙河流域的新荷兰殖民地。

1621 年，荷兰西印度公司在巴西东北部修建了殖民地，1626 年，该公司购买了位于哈德孙河口的曼哈顿岛，并重新将其命名为新阿姆斯特丹，作为新荷兰的首都。

法国人同样坐不住了，17 世纪 60 年代，法国在加拿大东部开始寻找通往亚洲的西北航线。

1682 年，法国探险家拉萨尔沿着密西西比河抵达河口，并将密西西比河流域的大片地区命名为路易斯安那，成为法国的殖民地，这样就更加靠近西班牙的殖民地墨西哥。

随后，拉萨尔为了能在密西西比河的三角洲圈入更多殖民地，乘着 4 艘船，带着约 320 名的移民从法兰西出发，然而由于海图的错误，没能达成目标。拉萨尔死后，法国继续拓展，该区域的新奥尔良被发现了，并成为了法国殖民地的经济中心。

然而，上帝对英国是眷爱的，荷兰、法国、西班牙都为英国的崛起与强大做出了"贡献"。如法国在与英国的七年战争（1756—1763 年）中失败，其北美洲的殖民地完全为英国做了嫁衣，荷兰也是如此。

3

对荷兰人而言，他们心里有着极大的"委屈"。实际上，荷兰人对大洋洲的探寻功不可没。他们绕过好望角，开辟了不少区域。那时候，荷兰掌握着先进的航海技术。譬如，他们在北海利用常年吹拂的偏西北风捕捞鲱鱼（即太平洋鲱鱼）而拥有了发达的海运业。因此，就算是在被称之为"咆哮的 40 度"的南半球的强风海域，荷兰人也毫不畏惧。

1605 年，一个叫威廉·詹茨的人从瓜哇岛的万丹出发，意外地发现了澳大利亚。这是富于戏剧性的，因为他只是打算去新几内亚南岸进行调查活动。威廉·詹茨得意洋洋地将这个地方取名为"新荷兰"。

1615 年，雅各布·卢·梅尔、威廉·科尔奈丽丝·斯伯丁两人带领船队越过南美洲麦哲伦海峡以南的火地岛，然后他们向东南方向继续航行，发现了合恩角。

1642 年，探险家阿贝尔·塔斯曼发现了塔斯马尼亚岛、新西兰；1644 年又在澳大利亚的西部沿岸进行了探索。

......

尽管荷兰人进行了诸多探索，但他们守不住。1651 年，英国资产阶级革命领导人克伦威尔颁布了一项航海法，目的是为了打击流亡到海外的王党派，这对荷兰造成了非常严重的影响。因为，荷兰对中转贸易依赖性很强。在这项航海法中，有一条十分致命：亚洲、非洲、美洲的英国领地，只能与英国的商船进行贸易……任何外国船只不允许在英国沿岸进行贸易活动。

三次英荷战争，法国多次入侵荷兰……不顺利的事情接连发生，荷兰的国力就这样被急剧削弱了，曾经的海上马车夫到了 18 世纪更是衰退明显。

反观英国，在海军的保护下，其海运业得到迅速发展、壮大。这里，用一组数据可作有力的说明：1663—1669 年间，英国各港口吞吐的船只总吨数平均每年为 9.3 万吨，这并不算高。但是，1700—1712 年间就迅速增长到了每年 79.8 万吨；到了 1774 年，增加到 79.8 吨。这样的增长速度十分吓人！

英国的造船业——不仅是英国，丹麦、挪威等国的介入，让荷兰更加吃不消了，最终导致其造船业也停滞不前了，英国的造船业迅速繁荣起来。

荷兰的海上霸主地位只能让给英国了。

二、不仅仅是海盗

1

17世纪80年代，英国海盗威廉·丹皮尔在太平洋上进行探寻活动。他是一个极富探险精神的军官。在海军服役10年后，干起了海盗的行当，抢劫、走私样样精通——以后，我们会发现这是一种误解。

威廉·丹皮尔是个奇人，那个让人惊叹的鲁滨逊原型亚历山大·塞尔柯克就是他发现的。他还到过中国。更重要的是，他对金钱和珠宝都不在意，却对气象、水文现象以及海洋动植物情有独钟，而根据自己的经历写成的《新环球航海记》则让他享誉世界。

169

威廉·丹皮尔，英国人，海盗、航海家、海图绘制家、澳大利亚的发现者

这个极具天赋的航海家，他积极的探寻与进取精神，是众多英国人的典型代表之一，一个国家的崛起与强盛一定不能缺少这样的人才。他不想成为人们以为的那种海盗，如果一定要给他一个定位，他就是海盗里面颇有文化的。

威廉·丹皮尔总是善于抓住任何一次来到眼前的机会，他洞察力非凡，能以作家或人文学家的笔调记录下航海日志。他说：

我估计在湿地上过河时要经常涉水，在下船之前就专门找来一节竹子，用蜡封住两头，那样它就能防水。我把我的航海日志和写的其他一些东西都放进去，防止它们见水受潮，因为我经常不得不游泳。

从这段记录，可以看出威廉·丹皮尔对远途航行所记录资料的重视程度。随着航行路途的延伸与扩大，他那丰富的日志资料无法装在竹子里了，于是他想到将这些资料保存在防水油布中。

据说，对资料的重视程度已经成为他头脑里的第一件事，当预感自己的船要出问题，或者无法航行的时候，他会想尽办法保护这些宝贵的资料。

在航行中，威廉·丹皮尔收获、学习到很多知识，而他的精彩描述也成为他区别于一般海盗的特质。譬如，他对海风与天气类型的记录、思考，他对热带地区各种风、暴雨、潮汐、洋流等的分析，对航海途中的安全系数起到了不小的提升；他制作的地图、航海指令让人们懂得了如何利用热带的海风与洋流来辅助航行；他在大龟群岛对动物的仔细观察与描述，仿佛他就是科学家一样……总之，威廉·丹皮尔的身份就这样变得非同凡响起来了。

大龟群岛是一个神奇的动植物王国，在东太平洋和三大洋流的交汇处，那里有很多山岩岛屿，它们一起组成了这个神奇又美丽的新世界。而寒、热带动物共存的奇特景象，深深迷住了威廉·丹皮尔。

在加勒比群岛，威廉·丹皮尔对那里的巨型蜘蛛产生了浓厚兴趣。他精彩地写道：

这是一种个头庞大的蜘蛛，有的跟人的手掌差不多大，它们长长的小爪很像英国的蜘蛛；它们有两颗大小相称的牙，1.5 英寸或 2 英寸长的触角，黑得像黑色的大理石，光滑得像玻璃；这些触角一端尖得像棘刺。它们不会直着身子，只能弯曲着。我们经常收集的就是这种牙齿。有人将它们别在烟丝袋上，用来掏烟斗。有的人留着它来剔牙，尤其是那些牙疼的人。因为，据说这种东西可以止疼，但我自己也搞不清怎么回事。这些蜘蛛的后背上有一层深黄色绒毛，跟天鹅绒一样柔软。有人说它们能分泌毒液，但也有人说不会。我本人不能分辨真假。

由于这个具有人文气息的"家伙"对航海沿途进行了详细的考察，并记录下了所见、所闻、所感，这些宝贵资料成为他日后引起轰动的重要资本。

1699 年，成为英国皇家海军军官的他出发考察南太平洋。这次，他全权指挥罗巴克号军舰，欲一展身手。到了第二年的 2 月中旬，他已经驾船考察了近 1000 公里的海岸线，并发现了一块真正的新大陆。在庄严又神圣的表情下，他以女王的名义宣布这里属于大英帝国，并取名为新大不列颠，这就是今天的澳大利亚。

威廉·丹皮尔继续航行，通过这次详细的考察，他终于给世人展现了一张完整的南太平洋海图。从此，南太平洋的航行有了较为详细的导航图。

2

著名的博物学家、生物学家查尔斯·达尔文也受到过威廉·丹皮尔的影响。

1831 年，英国人决定远航到火地岛进行探索，然后再从火地岛出发到巴塔哥尼亚，最后到大龟群岛。很显然，威廉·丹皮尔是到过这个地方的。

这次，英国海军部希望能精确地测量出合恩角周边的岛屿，负责这次行动的是菲兹瑞。为了让探索结果更加精准与丰富，英国海军部同意在航行时，带上一名博物学家，也就是查尔斯·达尔文了。他的任务是研究南美洲的动植物群。

当时的查尔斯·达尔文还很年轻，才 22 岁，能被英国海军部同意随行，足见他的能力了。不过，他应该要感谢一个人——威廉·丹皮尔，尤其是他的博物学观测和分析方法。

查尔斯·达尔文是个十分有趣的家伙，他在船上放满了各种昆虫、甲虫、生物标本。虽然同船的军官约翰·维克汉姆、詹姆斯·沙利文等人对他的行为略有抱怨，但绝对是善意的。

他们乘坐小猎犬号船，一路收获丰富，在里约热内卢做了短暂停留，之后在蒙得维的亚上岸，查尔斯·达尔文对上岸特别感兴趣，因为可以得心应手地干自己的事，他研究自然史，发现各种新的生命形式，乐此不疲。

船从巴塔哥尼亚继续前进，到达了火地岛。在这之前，小猎犬号船要

查尔斯·罗伯特·达尔文，
英国生物学家、进化论的
奠基人

Charles Darwin.

反复来回，以绘制出合恩角周边岛屿的详细地图，包括南美洲南部海岸、大西洋、太平洋。不久，他们发现了一条新航道，这是一条又长又直的海峡，他们取名为小猎犬航道。不过，查尔斯·达尔文似乎对火地岛人更感兴趣。

按照他们的描述，火地岛人长相很不美观，皮肤粗糙、头发蓬乱、话音刺耳、鹰钩鼻……这还不是最重要的，关键是他们还因食物短缺而吃人，在身上涂抹难闻的油脂……

关于火地岛人，他们如此描述：

我们只要一咳嗽或者打哈欠，或者有什么古怪动作，他们立刻就模仿我们。我们有的瞥了他们一眼，转过身不给他们看。但其中一个年轻的火地岛人，他脸上涂得很黑，除了眼睛之外没白的地方，他成功地扮了一个更可笑的鬼脸。

174

然而，火地岛人到后来几近灭绝了。奥地利牧师、人类学家马丁·古斯塔德于 1918 年到访时，当地仅剩下了 300 人。

小猎犬号船继续航行。查尔斯·达尔文脑袋里充满了各种奇怪的想法。譬如，关于生命起源的想法，为什么安第斯山脉那么高的纬度竟然有化石——那可是海洋生物的化石，怎么就在那里出现了呢……

1834 年 6 月，小猎犬号船绕过合恩角，沿着巴塔哥尼亚岛和智利海岸向北航行，在瓦尔帕莱索上岸，查尔斯·达尔文又发现了一种嗡嗡叫的大蜂鸟。

在大龟群岛，查尔斯·达尔文被奇丑无比却又温顺的鬣蜥吸引。这是一种趴在玄武岩上带鳞的黑色蜥蜴。它的头较小，体侧扁，可随环境、光线的强弱改变体色。巨大的海龟，看起来至少 200 磅，吃着仙人掌，也有去找淡水的，这些大型的爬行动物一般在火山熔岩或者不长叶子的灌木丛以及大仙人掌附近生活，看上去像是远古的生物。

显然，这个岛上的各种动植物是非常多的，查尔斯·达尔文开始思索一个问题：物种的起源。

他就快要有伟大的发现了，这个发现足以使全世界震惊。

查尔斯·达尔文的脑子不断闪烁着思想的火花，他想到了，也许生命的形式是随着环境而变化的，譬如，鸟喙，它的形状是鸟类随着时间的推移，逐渐适应环境的典型例子。因为，鸟类的喙主要是用来获取食物的，它可以捕食、叼住、撕咬、从水中过滤食物，有时也用于攀登、修饰、争斗和筑巢。每种鸟的捕食习惯都与它们喙的形状和大小有着直接的关系。他发现每种生物似乎都能自我地去适应特定的环境。

进化论受自然选择的驱动，只有对环境适应最好、最强的生物才能生存、繁衍下去。为此，查尔斯·达尔文搜集了很多数据，这里面囊括了化石、昆虫、海底生物、爬行动物、哺乳动物、灵长动物……这些生物构成了一张系谱图。他继续思考，终于得出了伟大的结论，而这个结论深深地撼动了19世纪的主流思想，他认为人类的祖先就是猿。后来，他开始写《物种起源》，后来人们逐渐接受、认同了他的观点。

不管怎样，小猎犬号的这次航行，对世界起到了不容忽视的作用。在很多层面上，它是超过那些赤裸而粗暴的航海掠夺活动的。

它应该写入历史，人们不能忘记它。

3

威廉·丹皮尔大胆地对法国和西班牙的船队进行袭扰，成功地捕获了3艘西班牙小船和1艘550吨的大船。不过，在这次航海活动中，发生了著名的亚历山大·塞尔柯克事件，这次事件也成为丹尼尔·笛福小说《鲁滨逊漂流记》的创作素材。

事件的发生，主要源于五港同盟号船长托马斯·斯特拉得陵与亚历山大·塞尔柯克之间发生的争执。

亚历山大·塞尔柯克是一名有着丰富导航经验的苏格兰水手。也因这一点，他被任命为领航员。然而，船长托马斯·斯特拉得陵是一个态度恶劣、脾气暴躁的家伙，在与西班牙舰队进行几次海战之后，敏感的亚历山大·塞尔柯克总是担心五港同盟号会被击沉。为了活命，他要求船长将自己放到附近岛屿的海岸上。这一行为彻底惹怒了船长。当然，也有说是亚历山大·塞尔柯克恨透了托马斯·斯特拉得陵，不愿意与他同船继续航行，又或者是因船长年失修、无法航行导致的。但不管怎样，这次航行就是发生意外了。

1704 年 10 月，五港同盟号在智利海岸外 400 英里的无人小岛——胡安·斐南德斯岛上进行补给。船长托马斯·斯特拉得陵用单筒望远镜巡视了一周，突然冒出一个想法。他决定将亚历山大·塞尔柯克扔下五港同盟号，让他在这荒无人烟的小岛自生自灭。这个小岛距离智利西海岸超过 400 英里，宛如世外桃源，其实这是一种诗意的说法。因为，在这样的小岛上很多人是无法活下去的。

托马斯·斯特拉得陵仅给他留下马枪一支、床一张、《圣经》一部，以及少量的烟等物。从此，他孤零零地在岛上生活了 4 年零 4 个月之久。开始的时候，他满怀希望地等待着获救，于是他一边读《圣经》，一边留意是否有过往的船只。然而，接下来的时间里，希望逐步变为了绝望。

亚历山大·塞尔柯克不想死，强烈的求生欲望让他不得不做好在小岛长期生活的准备。据说，他长期与老鼠、山羊、猫等动物为伴，如同野人一样……

1709年2月，亚历山大·塞尔柯克被著名航海家伍德斯·罗杰斯所救。当时，他的船只在岸边抛锚，亚历山大·塞尔柯克由此获救了。至于抛弃他的船长，或者说那艘五港同盟号的命运，则是在途中触了礁，大部分船员都沉入了海底，某种程度上，对于亚历山大·塞尔柯克来说，也算是因祸得福吧。

关于亚历山大·塞尔柯克获救的过程我们还可以多说两句，毕竟那位著名的航海家伍德斯·罗杰斯也是英国历史上有影响的人物，他为英国的强盛也起到了一定的作用。

这位航海家当时带领着船队从英国出发，打算到南部大洋进行探索（**其实不过是一次公然的海盗抢劫活动**），很多英国商人都资助了他。他们需

亚历山大·塞尔柯克，苏格兰水手

要这样一个人——胆大、无耻、航海经验丰富、应变力强……

在他救下亚历山大·塞尔柯克的时候，亚历山大·塞尔柯克似乎已经习惯了岛上的生活，还犹豫要不要回到文明社会，当然，最后还是选择了回到文明社会。然后，丹尼尔·笛福根据亚历山大·塞尔柯克的这段经历创作了小说《鲁滨逊漂流记》。

伍德斯·罗杰斯对亚历山大·塞尔柯克的经历也很感兴趣，并作了细致又精彩的描述：

他不到饿得不行就不吃东西，一半原因是心情悲伤，一半原因是没有面包和盐……他靠在膝盖上使劲搓两根油松棒来生火，这种木头既可以生火，也可以当蜡烛点，还可以让人闻香味。因为常在树林里走，他很快磨烂了所有的鞋子和衣服。最后，他走路时只能什么都不穿……火药用完后，他只能靠奔跑的速度来抓它们……

在救下亚历山大·塞尔柯克后，伍德斯·罗杰斯继续航行，他向北进入北太平洋，随后成功夺得西班牙大帆船上的丝绸和宝石，这是一艘从墨西哥阿卡普尔科驶出的宝船。之后，他借助荷兰船的护送，成功回到了英国。

无数的财宝就通过这样的海上抢劫使得英国的财富日益增多，这的确是回报丰厚的海上活动，虽然手段不是那么的光彩。

4

威廉·丹皮尔一生经历了三次环球航行，并且于 1687 年 6 月 25 日航行到了中国海岸。

他是在离广东南部不远的圣约翰岛上岸的。在他的著作里除了对该岛屿的地理、风物等作了描述，还以他的眼光记录下了当时的中国人，虽然，并不多么的准确，甚至是有夸大、歪曲的成分存在，但是，由于他的宣传，世界上很多国家都对中国产生了浓厚兴趣。

中国这个神秘的东方世界，似乎就要被揭开面纱了。也许就在不远的将来。

威廉·丹皮尔这样写道：

该岛的居民是中国人，是中国皇帝的子民，此时归顺鞑靼人。中国人一般个子高、不魁梧、瘦骨嶙峋。他们长脸、高额、小眼睛、有个中间耸起的大鼻子。他们小嘴巴、薄嘴唇。他们皮肤呈灰色；头发则是黑色。胡须稀而长，因为他们把毛发连根拔掉，只让几根零落的胡须从脸颊长出，但他们却引以为荣，常常梳理，有时还打个结，而且他们上唇的两边还有两缕类似的毛发往下长。中国古人曾经非常珍惜自己头上的毛发，让它尽量生长，神奇般地用手往后理，然后把辫子卷起在发夹上，最后把它抛到脑勺后，男女都一样。

按照这段描述，当时丹皮尔到达的中国该是清朝时期。他的船只停靠这个外海岛屿时，当地的中国官员登船接见了他们，并送来了补给，作为答谢。

里德船长把一把西班牙产的银柄双刀长剑、一支英国的卡宾枪和一条金锁链作为礼物送上岸交给总督大人。

这可能是英国人与中国人的直接交往中最友好的一次。而在礼尚往来的物品中，那卡宾枪若能引起清朝统治者们的重视，或许之后的世界就会不一样了。虽然，这样的说法有些偏颇，可是英国战胜西班牙海上无敌舰队，不也是因为海战方式的变革而让胜利的筹码增加了不少吗？

不仅仅是海盗，在海盗的背后我们看到的是英国对海权获取的决心，以及那大无畏、坚忍不拔、热爱科学、勇于探求未知的精神。

三、罪恶的"人肉黄金"贸易

1

对英国而言，由于他们海上的人口数量占全国总人数的比例不断上升，再加上优越的地理位置同重要的海上航线相连，为其发展海权提供了一个更加重要的优势。巨大的财富、日趋强盛的海军，让英国逐步变得强大起来。

以 1785 年之后海外贸易的增长来看，其速度快得吓人。对此，我们可以根据当时英格兰和威尔士的一些数据（**以百万英镑为单位**）来管中窥豹：

1780 年，这里的出口是 12.5，进口 10.7；1785 年，出口是 15.1，进口 14.9；1790 年，出口是 18.8，进口 17.4；1795 年，出口是 26.3，进口 21.4；1800 年，出口是 40.8，进口 28.3。

另一份数据，英格兰和威尔士与东印度群岛的年贸易总值竟然从

1781—1785 年间的 290 万英镑增至 1796—1800 年间的 700 万英镑，与西印度洋群岛的年均贸易总值由 410 万英镑增至 1020 万英镑。

英国人知道，仅仅靠海上抢劫获取财富是远远不够的，且财富也不可

能达到上述的增长力度。最能快速集聚财富的贸易方式——当然，现在看来都是十分暴力、充满血泪的——那就是令人发指的奴隶贸易。

这里，我们来描述一下跨越大西洋的三角航线奴隶贸易。

当贸易船只从船籍港出发，满载而归的财富其实就是"命定"的。船上装满了手工制品，像各种罐壶、锅盘器皿、衣服、金属制品，这些东西在非洲是十分畅销的。当然，罐壶、锅盘器皿

带枷锁的黑奴被赶往运奴船

之类的东西在英国实在是再廉价不过了，而且这些东西居然是从旧货摊里淘来的二手货、三手货。在到达非洲海岸后，这些廉价的东西就会被奴隶贩子卖掉，兑换的商品则是那里的黑奴。

由于暴利，导致当地兴起了专门抓黑奴的职业，他们残酷无情地四处抓捕黑奴。有时候，狡猾的英国人还利用当地部落之间的矛盾，从而坐收渔翁之利。就这样，大量的黑奴被迫离开自己的家乡，开始了一次又一次的血泪之旅。

一个叫亚历山大·福尔肯布里奇的外科医生记录了一次从非洲到美洲时黑奴在甲板上的情景。他这样描述道：

> 舷窗被关上，窗上的格栅也被糊上，腹泻和热病开始在黑人中间扩散。因为他们的这种状况，出于职业需要，我得不断到船下他们那里去，到最后他们待的地方热得让人无法忍受，即使一小会儿也不行。但温度太高还不是使他们的境况变得更糟的唯一因素。船的甲板就是他们房间的地板，已经淌满血水和黏液，是腹泻失血的结果，简直就是一个大屠宰场。人类想象力已经无法想象出当时状况有多惨、多恶心。大量奴隶因此而昏厥，他们有人死掉，有人活下来，又艰难地恢复健康。这在我看来简直就是一场灾难。

可以看得出，非洲黑奴在被运输途中死亡率是非常高的。每艘贩奴船上都塞满了黑奴，据说有一艘大船就曾一次性强塞了 400 名奴隶。这些运奴船条件大都十分恶劣，很多船的底舱只有 3 英尺左右高，人在这样的空间里远洋航行，其境遇就可想而知了。

这些黑奴大多输送到了西印度群岛的糖料作物种植园，等他们在那里被压榨几年后，又会被转运到美国南部的烟草、棉花种植园。他们就这样在高强度的工作下被压榨至死，而他们被贩卖的价格往往低得可怜。

有记录称，从非洲买一个奴隶只需 3 英镑，到种植园后一转手就能卖 30 英镑。这仅仅是贩奴的中间差价，那些奴隶所带来的劳动价值确是极度高昂的。英国人从加勒比海地区装上朗姆酒、木材、糖料等运回欧洲，从弗吉尼亚运走大量烟草……以此满足国内城市的发展所需。

欧洲很多富裕的家庭，同样需要黑人到家里做奴仆，相比之下，这些黑奴勉强算是幸运的，至少比那些种植园里的同胞们强上那么一点点。

这样的苦日子，直到废除奴隶制后才变得好一些，但贩卖奴隶的事情仍时有发生。

奴隶们在种植园采摘棉花

2

1793 年 4 月，一个叫惠特尼的人发明了轧花机。这是一项具有重要意义的发明，因为它通过机械替代人力的方式大大提高了生产效率。

一台轧花机每日能轧花 50 磅，这样方便快捷的机器很快就传播了开来，让那些从事棉花贸易的商人获得了巨大的利润。如兰开夏郡的棉花工业就是这样被带动发展起来的，由此也加速了工业革命的进程。

轧花机的发明是人类智慧的体现。然而，它的发明却也造成了罕见、甚至是灾难性的后果。由于轧花机使种植棉花成为了一项利润极大的生意，这对那些种植园主无疑诱惑极大。于是奴隶制大有迅猛发展之势头。

种植园主通过非法手段贩卖奴隶，到美国内战爆发时，种植园中的奴隶已然达到了 400 万人。而这还只是部分区域。

跨越大西洋的奴隶贸易就这样在无数次的起航与回港中穿梭进行。虽然，从航海的意义上来讲，这可以算是人类伟大的航行，因为它至少证明了这是改变世界的航海活动，然而，我们也不得不承认，那些资本主义国家迅速发展、强盛起来的同时，也沾满了他国的血泪。

由此，英国作家汉娜·摩尔这样写道：

我的眼睛一见非洲大陆就要离开，心中就升起最深沉、最彻底的罪恶感……我看到这些可怜的受害者被掳走，离自己哭叫的婴儿和痛苦的妻子而去……自己被拖到遥远的国家卖给暴虐的主人。

种植园主是英国商人中最富有的一个群体，他们的财富来自那些遥远的国度。比起那些以挖掘金矿来获取暴利的行为，罪恶的"人肉黄金"贸易，更应该遭受到唾弃和控诉。

虽然，从事这样贸易的国家不仅仅是英国。

四、大不列颠帝国

1

18 世纪中叶，英国的经济开始了快速、累积性的社会结构变化，这就是工业革命。

工业革命让英国在经济、政治上开始领先其他对手。为什么工业革命会发生在英国，这个问题引起了很多人的探索。

这里，我们可以简单地做一些分析。

英国的政治和社会制度，虽然在很大程度上是由贵族精英们主导，但却十分灵活，他们积极进取，包容万象，特别是对于提高利润和增强国家力量的经济创业活动十分支持，即便是在过程中充满了暴力与一些不和谐，但其以海洋为根基进行广泛拓展的行为，是值得敬佩的。

农业的重大进步，还有圈地运动，增加了粮食生产；海外贸易与掠夺，加速了资本积累。土地上提供的"推动因素"，又会因为工业领域的"拉力"而增强；英国的交通状况，随着运河、航线的发展，那些棉花、奴隶、铁矿石、煤、香料、黄金……随时可供开发、运输。经过数十年获利丰厚的繁荣商业活动而积累起来的资金，为新兴工业的发展提供了保证。

在这场工业跃进中，伦敦开始取代阿姆斯特丹成为世界经济中心。英国的人口，在1741—1781年间保持每10年4%—7%的速度增长。之后的130年里速度更快，以每10年10%的速度增长。并且，这些人口相对比较富裕，从而刺激了食品、啤酒、布匹、煤炭以及工业产品需求的稳步增长。还有一系列令人惊叹的技术与发明，大量的精英人才的出现，使得英国的生产力得到了极大的提高。

经济的增长必将为英国海军潜力的增强提供强大的支持。这一点，我们可以看一组数据：

随着海外贸易的不断拓展，英国的航运业增长极速，在1774年，当时英国港口的船运总吨数是86.4万吨，到了1785年是105.5万吨，而1800年就达到了192.4万吨，这是一方面。

18世纪繁荣的伦敦，图中是船来船往的泰晤士河

另一方面，1773 年商船队的总吨位是 1702 年 25 万吨的 3 倍，在随后的 20 年中，总吨位再次翻番。新造船厂、铸铁厂、兵工厂的数量激增，从事航运业和造船业的人员也呈增长趋势，这些都成为英国皇家海军扩大的重要资源。而在海外拓展方面，英国以现有的直布罗陀、金斯顿、哈利法克斯、孟买等港口为基础，然后通过暴力或其他的手段，不断地拥有更多港口。

这样看来，在英国发生工业革命似乎是"命定"的，而在这期间，政府在财政上给予了诸多领域以支持，这一举措让英国的国民建设热情空前高涨。

譬如，七年战争（1756—1763 年）期间，英国政府的年度预算从 400 万英镑飙升到 1800 万英镑，而这些财富的主要来源就是伦敦，它为英国的发展提供了重要的经济支持。此外，征收各种商品税，也让经济的压力大大减轻，以至于在 1783 年，英国国债飙升到了 2.31 亿英镑。

又譬如，小皮特对英国海军的支持。他将 1784 年前的海军兵力由 1.5 万人增至 1.8 万人，5 年后又增加了 2000 人。在战列舰方面，1783—1790 年之间，建造了 33 艘。而老对手法国则在 1783 年之后日渐衰落了。

于是，英国国力的增长，让它迅速崛起成为世界强国。而在制海权上的巩固、海外拓展上的不遗余力，那些阻碍其发展的，都将采取诸多手段去解决。其实，这都可以用一句话来明了概括，即英国以及英国政府（皮特、邓达斯、卡斯尔雷……）在很大程度上始终不移地倡导一种"海洋"战略。

这一点，我们从梅尔维尔勋爵邓达斯在 1801 年说的一段话可以看出端倪：

由于我们岛国的地理位置，我们的人口有限，不允许我们进行大规模的大陆作战。鉴于我们对于商业和航运的依赖程度如此之深，很明显，不论战争的原因如何，我们关注的首要目标应该是，利用一切可能的手段，最有效地增强那些我们海军优势地位赖以维系的资源。同时，减少那些可能使敌人在这个方面能够与我们竞争的资源或者为我们自己所用……因此，被授权负责进行这场英国战争的那些人有义务切断我们敌人的殖民地资源，就如一支强大陆军的将军需要摧毁对手的弹药库或截击其弹药供应一样。

显然，在这里我们是无法进行全面又透彻的分析的，这是一个大课题。不过，或许已经足以让人有所触动了。那就是，工业革命彻底改造了英国社会。

在工业革命与资本主义制度的相辅相成下，引发了经济、社会以及政治等全方位的变革，使英国的国际地位和国家实力产生了巨大提升，并确立了英国"日不落"帝国的世界霸主地位。

2

在 18 世纪英国进行海洋扩张过程，赢得海洋霸权的宏大故事中，英国人非常清楚，当面临敌国的阻挠时，欧洲与北美战场互动的重要性（1812—1815 年战争，即美国第二次独立战争期间）；它清楚只有让两个大洲保持军事平衡，才是作为位于两个大洲之间的岛国，并且主要是海军国家的大英帝国确保其关键利益的安全根本。

虽然像美国这样的大国看起来强悍无比，但对当时英国皇家海军来说，并不算一个像样的对手，更别说其他国家了。只是，这种独霸后来被美国打破。在保卫加拿大的战略下，尽管英国已经意识到这个任务的困难重重，然而，一种保持"良好关系"的意识让大不列颠帝国逐渐走上下坡路。英国没能建立起国民意识对美国的"压制"。

衡量一个国家的强盛，经济是重要的指标。法国革命和拿破仑战争考验了英国经济是否足够强大，能否承受旷日持久且耗费巨大的陆战与海战带来的巨大压力依然屹立不倒。1793 年，英国军费总额为 1960 万英镑，其中陆军 480 万英镑，海军 240 万英镑。到了 1815 年，总军费开支急剧攀升到了 1.129 亿英镑，其中陆军支出 4960 万英镑，海军支出 2280 万英镑。也就是说，国防费用增加了 10 倍，英国战争总费用高达 16.57 亿英镑。英国能在年复一年的高额费用支出下做到不削弱国家经济，可以说相当了不起了。

而要在战争中胜出——战争到了中后期或胶着状态，很大程度上取决于一个国家的"承受力"。因为工业、农业、商业的充分快速发展，使得英国可以从三大产业里获得税收，同时又不至于扼杀经济的发展势头，这是正确的国家战略政策引导下的结果。

事实上，英国是比较艰难地做到这一点的，因为，用威灵顿公爵的话描述滑铁卢战役，其实就是"一次险胜"。当然，这也从侧面反映了英国如果再不改变策略，加上来自美国方面的压力，其帝国地位将遭受较为严重的挑战。不过，毕竟英国经受住了挑战，尤其"自由状态"下的积极海外贸易，以及遍及世界各地的殖民地仍在源源不断地为英国输入着财富。用当时一位英国人（Marcus，作家）的说法是：

我们能够最雄辩地证明，在这些新的重压下，随着我们参与其中惊心动魄的竞争的持续，这个国家的财政、制造业和商业达到了史无前例的繁荣局面。压垮对手的工业、摧毁它们的贸易和航运的战争却给大英帝国输入了能量提供了空间。

在海军方面，英国的海军在与拿破仑的漫长战争中获得了巨大发展。这就是说，战争从另一方面看是可以促进某些方面强大的，譬如，由此带来的科技、军事战略、战术提升等。1815年，英国海军的规模已然庞大无比了，拥有214艘战列舰和792艘各型巡洋舰。强大的海军，让大英帝国在很长时间几乎没有对手，像西班牙、荷兰，这些英国的老对手已经被永远地击溃，丹麦、瑞典也好不到哪里去。至于俄国，虽然在那时看起来很强大，但地理因素决定了它所谓的40艘战列舰的力量只是有名无实。美国虽然在图谋发展——尽管它吸取了1812年战争的教训，正在计划强盛海军中，但暂时构不成大的威胁。法国即便拥有号称当时世界上的第二大海军（**大约有40余艘战列舰**），由于大部分已经无法服役，直到19世纪中期才算是一个潜在的威胁。

正是因为英国强大的海军以绝对的优势压倒对手，使得其海外大量的军事基地、港口、诸多航线等，都可以受到其海军力量的保护，于是，大英帝国的全球贸易得以飞速发展，一个不断扩大的帝国正式成型，它可以为经济的发展保驾护航，那些占据着海洋重要位置的港口设施，则构成了权力中心，以及一个更大的非正式帝国——某种程度上说是海洋权益的最大化的扩展与外延。

为了更加形象地说明这一点，我们来看一组关于驻扎在海外基地的英国战舰数量变化的数据：

1792年为54艘，1817年为63艘，1836年为104艘，1848年为129艘。

如此上涨的形式，已可说明问题了。我们还可做更加详细的分析，以1848年为例，其中有31艘战舰部署在地中海，用以维护英国的利益和打击

19 世纪英国战舰群

竞争对手；25 艘战舰部署在东印度及中国的基地，并且每新开放一个港口就
部署 1 艘战舰，用于打击当地的海盗；27 艘战舰在非洲西海岸打击奴隶贩子，
由部署在好望角和西印度群岛两地的各 10 艘战舰提供支援；14 艘战舰在南
美洲东南海岸保护商业利益；12 艘战舰在广阔无垠的太平洋上随时巡逻；35
艘战舰部署在英国周边海域，其中 12 艘驻守在爱尔兰地区控制政治动乱。

  在这样的态势下，海外广大的殖民地为英国的经济提供了至关重要的
原材料和市场，再加上工业革命，又将产品向全世界其他地区进行倾销，
大片的海外领土都被纳入了大不列颠帝国构建的商业和金融系统中。另外，
商业舰队的建立也提供了巨大的物质力量。特别是在掌控了苏伊士运河的
交通动脉后，英国光通过苏伊士运河的货物量，就在四十多年间（1870—
1912 年），大约增加了 65 倍。

第六章　传奇日不落：英国海权沉浮

即便是到了 19 世纪，如 1900 年，英国依然能够在远隔 6000 英里重洋外的战争中维持 25 万兵力；1904 年，俄国在 4000 英里铁路线之外的满洲与日本作战时也投入了 25 万多的兵力，这是其不容忽视的强大一面。只有大国才可以通过海洋获取海外殖民地，并有效地守卫它。

这些都是支撑国家和世界权力的异常强大的框架，只要内部结构完善、优化到一定程度，那这个帝国自然就形成了。

至此，从海权的角度来讲，我们似乎可以做一个总结：大不列颠帝国的建立，手段主要是以海军来封锁和占领殖民地，并应对大陆外围的袭击。

然而，三百多年的大英帝国，它是否还能"日不落"，这是个问题。

五、夕阳"赞歌"

1

英国著名作家乔治·奥威尔曾表示了这样的担忧：

我们"传统"的战略是否仍然可行是非常值得怀疑的。过去，它十分依赖均势，但均势从 1870 年以来变得越来越不可靠；它还依赖于地理上的优势，但现代技术的发展已经削弱了这种优势。1890 年之后，英国不再是唯一的海军大国，而且，海战的整个范围也已缩小。放弃风帆之后，海军轻便灵巧性降低；水雷发明之后，军舰已经无法进入内海。由于替代科学和农业的机械化，封锁也部分失去了力量。现代德国崛起之后，我们几乎不可能摒弃与欧洲的联盟，而盟国倾向于坚决要求我们做的一件事就是，承担理所应当的作战任务。当每个参战的国家都倾国家之力进行战争时，资金援助已变得没有意义。

这位著名的作家还有一句非常重要的名言：

谁控制了过去，谁就控制了未来；谁控制了现在，谁就控制了过去。

大不列颠帝国还能控制未来吗？

1897 年，在英国的斯匹特海德发生了一件让人深思的事。维多利亚女王的"钻石庆典"上出现了世界上最强大的海军部队，以超强的阵容集结在斯匹特海德，只为了给这个国家的女王做专门的庆贺。

超过 165 艘的英国战船，其中包括 21 艘一级战列舰、54 艘巡洋舰……这样的阵势，其实纯粹是为了展现英国皇家海军的作战能力，炫耀国威。那些外国的观礼者显然被深深地震撼到了，没有人会对当时的媒体《泰晤士报》的自吹自擂持怀疑态度，但那些深谋远虑的智者会在心底产生一种忧虑。

《泰晤士报》这样说道：

舰队……从它所有组成和质量上看，肯定是所有集结起来的舰队中最强大的。因此，其他大国联合起来也无法与之抗衡。它立刻成为了世界所有的武器中最强大而影响深远的武器。

这也意味着，英国获得的大部分财富将来源于这支强大海军的保驾护航下的海外贸易与投资。难怪费希尔海军上将会忍不住内心的喜悦，自豪地说，英国享有在世界各地拥有大部分重要海军基地的战略优势，像多佛、直布罗陀、好望角、亚历山大港、新加坡等都在英国手中。海洋中的诸多航海线也大多为英国控制，并以此左右了各种贸易规则。

维多利亚女王"钻石庆典"上的观舰式

　　正是这种繁荣景象，让大多数人沉浸其中并沾沾自喜，整个政府对海军的费用支出也显得十分地慷慨。然而，繁荣背后确是逐渐的力不从心。随着独立的国家越来越多，并且它们都在全力地建造战船，这些国家，如美国，都是潜在的对手，而英国是否还能在"所有的海域"保持其霸权？

　　答案很明显是否定的。我们来看一份来自当时英国海军情报主任马德对英国海军在海外各地区地位下降的报告：

　　由于美国、智利、阿根廷海军的崛起，英国舰队之前在北美－西印度群岛地区所拥有的优势已经消失殆尽，在北美它们已经被美国舰队"完全远远地超过"，而在西印度群岛它们比三支海军中的任何一支都弱。在美洲的东南海岸，英国的舰队也弱于巴西和阿根廷的舰队。之前在中国地区拥有的主导权已经转移给了日本。在 1889 年还远远强于法俄联合海军的英国舰队 10 年之后却"几乎不是他们的对手"。

这其实已经看出端倪了，没有一种海上霸权能保持长盛不衰，当欧洲以外的国家也开始建设海军时，英国之前所具备的海上优势就会逐步地减弱。18、19 世纪的大部分时间，英国都以强悍的表现维系着平衡。然而，到了 19 世纪末，新海军至上主义兴起，如美国、德国、日本等国的海上力量迅速扩张，它们把更多的资源用于海军建设——马汉思想的力量已经让它们感受到了前所未有的益处。

英国原想着利用斯匹特海德海军力量的展示，威慑这些国家，然而，不但并未生效，反而刺激了它们的野心——海洋战略的确具有无比的诱惑力：德国海军国务秘书阿尔弗雷德·冯·提尔皮茨海军少将就是如此，在他的冷酷领导下，引发了海军军备竞赛。

阿尔弗雷德·冯·提尔皮茨向德皇威廉二世进言：

英格兰的军事形势要求我们尽可能地拥有数量庞大的战列舰。

显然，他的备战计划极大地刺激了英国。温斯顿·丘吉尔对此这样评价道：

大陆上的最大的军事强国决心同时成为至少占第二位的海军强国，这是世界事务中一个具有头等重大意义的事件。

大不列颠帝国决心保住它的海上霸主地位，开始加速舰艇制造计划。

英国海军第一大臣约翰·阿巴斯诺特·费舍尔男爵更是疯狂地发声："德国舰队应该被'哥本哈根'掉。"这番话是有来源的，1806 年，号称拥有当时世界第二舰队的丹麦海军，在哥本哈根被英国灭掉。

虽然，像丹麦这样的海军崛起势头被英国压了下去，但已经显示出了一些让人担忧的迹象。毕竟，他国——绝对不只丹麦一国。英国海军的主导地位面临着它们的挑战，我们来看一组对比数据。

国　家	1883 年战列舰数量	1897 年战列舰数量（包括在建的）
英国	38 艘	62 艘
法国	19 艘	36 艘
德国	11 艘	12 艘
俄国	3 艘	18 艘
意大利	7 艘	12 艘
美国	0 艘	11 艘
日本	0 艘	7 艘

1883 年，英国的战列舰数量几乎与这些国家战列舰数量的总和相当，即 38 对 40。然而，14 年后，这种比例已经被严重打破，变成 62 对 96。注意，这仅仅例举了 6 个国家，还不包括别的国家。英国光荣孤立的时代并不好看，因为，这里面他国的猜疑与不协调已经埋下了祸根。

这就是说，英国试图以 1897 年的那场"钻石庆典"为噱头达到震慑的作用，不过是徒有其表，宛如帝国衰落下演奏的一幕悲哀的赞歌。

2

遭遇挑战的现实困境越来越多，这加速了大不列颠帝国海上霸权的衰落。譬如，在面对美国时，对于运河问题、阿拉斯加边界等问题上，英国不得不作出让步。新任的英国外交大臣兰斯多恩侯爵在围绕美国违反 1850

年《克莱顿－布尔沃条约》的问题上的态度，已经可以感觉到英国开始顾及美国的感受——避免来自于它的敌意。

这份条约是英美就在中美洲开凿沟通大西洋和太平洋的运河问题所签订的。对于在尼加拉瓜运河路线问题上，条约这样规定：

一、任何一方不得获取或保持排他性的权利；

二、任何一方不得设置或保持防御工事、控制运河附近地带；

三、任何一方不得在中美洲的任何地区从事占领、设防、殖民活动，行使统治权。

这一条约的签署形成了英美两国在尼加拉瓜利益均沾的局面。然而，美国并不满意，1914年8月，美国通过了《布里安－查莫罗条约》，宣布将运河开凿权攫为己有，《克莱顿－布尔沃条约》至此失效。有意思的是，美国在垄断了尼加拉瓜开凿运河的权利后，仅在科恩群岛建造了一座灯塔。

不管怎样，大不列颠帝国多年强硬态度的转变，正好说明了那种"力不从心"下的无奈。更多的力不从心还在上演，在远东地区，法国、德国尤其是俄国，已经威胁到大不列颠帝国的利益，倘若没有同盟国的支持，根本无力去阻止。

来看俄国、法国的野心：俄国从西伯利亚，法国从印度支那向中国推进，这是陆地推进的方式；至于海上的推进，假如俄国和法国结成联盟，那海上力量的对比将对英国十分不利。

1901年，英国海军大臣塞尔伯恩伯爵第二向内阁提交的一份资料显示，当时，英国在中国海域拥有4艘一级战列舰和16艘巡洋舰。俄国法国联合海军则拥有7艘一级战列舰、2艘二级战列舰、20艘巡洋舰。

假如英国不计后果，与俄国法国联合海军开战，英国在远东的利益所面临的后果，便可想而知了。迫于这样的态势，英国海军部主张与日本结

20 世纪初游弋在
南海的英国舰船

成海军同盟，英国无法承受其贸易在中国市场的消失，或者香港和新加坡的陷落。

假如英国不与日本结盟，那就只能在其他海域调配战列舰，以维护其在中国的利益不受到侵犯。只是，这样的策略会导致英吉利海峡和地中海的海上力量勉强均等。如果得到日本的支持，情况就不一样了：英日联合海军战列舰变为 11 艘，俄法联合海军战列舰依然 9 艘，但英国的巡洋舰占有绝对的优势。

当然，这样的联盟需要日本的同意才能达成，出于对俄法联盟的警觉与担忧，日本也渴望与英国联盟。1902 年 1 月 30 日，两国签订了《英日同盟条约》。

现在，只能说英国在远东的利益暂时安全了。不过，安全的背后却是英国从西半球撤退和减少海军在远东地区的控制力。大不列颠帝国不愿意相信的是，必须放弃在加勒比和邻近美国基地的大西洋地区的竞争。这种变化，或者说这些海域力量的变化，最终导致海权格局在这些地区的变迁，并且，就连与之结盟的日本——这个野心满满的国家，在未来几年的时间里，其海上的力量也将逐步扩大，直至英国也无法与之抗衡。这一点，从后来的《英日同盟条约》的废除得到了一些证实。

英国还面临着离本国更近的挑战者——德国的威胁。大约在 1903 年左右，德国急速的海军扩张让它感受到了沉重的压力。出于最佳的安全考虑——英国绝对不允许自身国家安全受到威胁，所以，尽管东方的贸易对于英国很重要，但和欧洲本土的利益还是不能相提并论的。因此，扼制德国海军的强大势在必行。

自从俾斯麦下台后，德皇威廉的伟大抱负被点燃了。他雄心勃勃的想要建立一支尽可能强大的海军，以确保德国在不久的将来，能够在海洋权益上拥有足够大的发言权。

德皇威廉这样的海军战略，一部分原因是出于英国控制了德国通往外部世界的航线，再加上阿尔弗雷德·冯·提尔皮茨海军少将的战略也与之吻合。

这个在德国历史上具有重要影响的人物曾于 1896—1897 年间在东亚指挥远东巡洋舰队。当时，中国在甲午战争中失败了，各国掀起了一股瓜分中国的狂潮。他提出强租胶州湾，把青岛建成为德国海军的东方基地。这显然是在对英国进行"挑衅"，不管是明显的还是不明显的。

1896 年，德皇威廉在南非问题上的发言恶化了英德关系，第二年，阿尔弗雷德·冯·提尔皮茨海军大臣，要求议会拨款 7000 万马克修建 3 艘战舰。

他认为，只有建设庞大的海军，并派驻北海，才能保证德国海岸的安全。于是，英德海军军备竞赛开始上演，这无疑也让大不列颠帝国在不停地消耗自身的实力。

......

当然，能让英国感受到压力、力不从心、妥协的国家并不止一个，一个不容争辩的事实是，大不列颠帝国的没落已成定局。

3

历史学家马克斯·贝洛夫在《帝国日落》里这样写道：

第一次世界大战对英国的影响或许是最大的……尽管这种影响需要最长的时间才能显现出来。按照所有政治规则来衡量，英国在1914年都算做出了正确的决定，但这并没有而且或许也不会延缓大英帝国的解体及其世界地位的终结。

第一次世界大战给人留下最深的印象就是堑壕战，几百万人在泥泞中打来打去，付出巨大的代价却换来微小的战果。整个战争极大消耗了参战国的人口和资源。

这种陆战方式的出现，或者再往高处说，这种国家习性更加的"大陆化"，让海军的作用和重要性相对下降了。

当英国越来越深地卷入欧洲事务中，日本在远东地区和太平洋的力量却在不断壮大。日本在战争中消除了德国在中国的强势地位，从这方面来说，对英国是有利的。然而，这也加剧了英国对日本的依赖。同时，另一个潜在的威胁也将在未来形成。很多迹象表明，日本的胃口绝对不只是青岛、

太平洋中部的几个岛屿，日本将与英国争夺中国
市场，1915 年，日本提出的"二十一条"，就威
胁到了英国在中国的重大利益。最后的结果，英
国必须"心甘情愿"地允许日本在亚洲的某些地
方进行扩张。

　　美国的迅速崛起与强大，特别是海军的迅
速发展，得益于在战争中的受益。英国要想与
美国的海军竞争，就必须保证自身的经济生机
勃勃。

　　只是，一个已经开始没落的帝国，又如何能
在短时间内焕发勃勃生机呢？

　　1919 年，英国的政治家和海军官员们仍在试
图维持皇家海军的首要地位，但他们最终失败了。
这个精疲力竭的岛国无力与拥有庞大资源的洲级
大国美国较量。总而言之，到 1919 年，主导权

"一战"中的伊丽莎白女王号
以及诸多皇家海军的主力舰

已经偏向美国了。

战争是最消耗资源的，英国参与了第一次世界大战。在享受成果的同时，必定付出了沉重的代价。阿尔弗雷德·赛耶·马汉指出：

历史已经确定无疑地证明，即使一个甚至拥有整个大洲疆界的国家，也无力在海军发展上与一个哪怕人数和资源较少的岛国竞争。

当然，大不列颠帝国并不会坐以待毙，它也做出了诸多努力，只是江河日下，无力回天。巨大的压力促使英国不得不在海军力量的竞争上作出相应裁减的痛苦决定。以1918—1923年海军拨款为例：

（单位：百万英镑）

1918—1919	1919—1920	1920—1921	1921	1922	1923
356	188	112	80	56	52

可以看出，给海军拨款的数目在急剧下降。整个战争期间，尽管英国意识到了海权的重要性，也看到了美国海军崛起的隐患，并且在1919年的6月制订了战后的海军发展计划，如建造一支拥有33艘战列舰、8艘作战巡洋舰以及352艘驱逐舰的海军，而年度预算总额甚至高达1.71亿英镑，然而，德国舰队在斯卡帕湾自沉后，英国和美国海军对立达成了默契的"休战"，加上其他原因，最终导致这个计划失败了。

当新的兵种——空军在战争中出现，这也让英国在海洋战略上的掌控度发生了重大变化。两次世界大战，对英国的冲击不小。到了20世纪30年代，英国皇家空军由第三军种上升为第一军种，我们不妨来看看各个军种国防拨款（单位：英镑）的分配情况。

年　份	陆　军	海　军	空　军
1933	3750万	5350万	1670万
1934	3960万	5650万	1760万
1935	4460万	6480万	2740万
1936	5480万	8100万	5010万
1937	7780万	1.019亿	8220万
1938	1.223亿	1.272亿	1.338亿
1939（战前）	8820万	9790万	1.057亿

很明显，英国已经开始限制海军的扩张了，就算英国想继续扩大海军，一个残酷的现实也摆在它的面前，下放的紧急订单已经无法在约定时间里生产完成了。技术革新的缓慢，甚至是缺乏，还有英国工业主体的衰败（造船工业大幅度削减，1914年正在建造111艘战船，到了1924年正在建造的战船就只有25艘了），此外，像各领域的熟练劳动力、中高级人才的流失与缺乏，国外订单的大量减少，钢铁供应的不足……这些都是导致大不列颠帝国衰落的致命伤。

20世纪30年代后期，英国不得不放弃在远东的诸多利益。到1939年9月，其在中国地区的兵力仅剩4艘巡洋舰、1艘鹰号航空母舰、1支驱逐舰中队。

英国在全球的利益受到重大挫伤，如前所述，至1939年海权已经明显依赖于空权。战争爆发时，就说德国，其空军就拥有超过3609架飞机，而英国只有1660架，并且这些飞机性能也比不上德国飞机的性能。就算加上法国的1735架飞机，其状况依然让人担忧。

从后面的战争中的发挥来看，德国空军的战斗力可以说是远强于英法两国空军的。就连日本（1939年拥有1865架飞机），其空军的作战能力也是不容忽视的，这些都将对战舰的生存状况造成致命的影响。更可怕的是，美国到1938年年底的宏伟计划竟然是在不久的将来拥有1万架飞机的空中力量，并且最终拥有了 2 万架一线飞机，这个数字后来甚至提升到了 5 万。

在经过浴血奋战、击败法西斯后，美国、苏联成为了一流的军事大国，而英国则逐渐失去了其在经济和军事上的重要地位。

英国历史学家坎贝尔在论及到西班牙的衰落时曾这样写道：

> 那个广阔的君主国家心力交瘁，它的资源位于千里之外，不管哪个大国控制了海洋，都会控制西班牙的财富和商业。它获取资源的诸多领地，与首都以及相互之间的距离都十分遥远，使得它比任何国家都需要顺应时势，甚至它能够通过行动唤起它庞大但支离破碎的帝国的所有部分为止。

那个时候，英国刚刚从七年战争中胜出，战果就是更高的声望和更多的领土。在西班牙衰落大约两个世纪后，英国也步了它的后尘。

过度地依赖海外殖民地的市场，以及海上航线被破坏、失去掌控，大不列颠帝国遍及全球的掌控力急剧下降，以至于只能依靠原来的那一部分来维持自己的统治，以调整适应其工业、殖民地和海上主导权的消失。

4

那么，所有的努力都是杯水车薪吗？

我们不得不深思，作为一个海军大国的英国，其海上主导权的兴衰，或许在马汉的著作《海权对历史的影响》里能找到一些答案。

首先，地理位置是极为重要的，它会随着科技进步、战争形态的改变而发生一些微妙的"变化"——我的意思是，落日下的大不列颠帝国已经没有前几个世纪时的那种优势了，这样一个岛国所有的优势因空权的产生而"几乎消失殆尽"了。譬如，食品、其他重要原料无法实现自给自足，欧洲之外新兴的强国削弱了英国此前对欧洲海域遏制敌对海军的能力。这样一来，英国的自然结构和领土范围就产生了变化：一是掌控力与主导力的变化，二是结构上的变化。

简言之，即拥有大量自然资源的庞大洲级大国将远远超越边缘的、小型的从事海洋贸易的国家；而具备海洋意识的人口数量也是重要的一环，随着科技的进步，如果能驾驭海上技术的人口数量剧减，势必会导致后劲不足。或者说，当海军力量的基础更多基于一个国家的先进技术和财政实力，而非招募海员的能力时，人口数量的因素就无足轻重了。这一点，今天的中国也应深思，是否从事海洋能力的人口数量已经完全符合海权发展所需？

在民族特点因素里，英国属于标榜达尔文主义的，当然，这倒不是就只认定英国这样的民族才能登上耀眼的历史舞台，在特定的时间和特定的条件下，任何民族都有可能崛起与闪耀，如果一个民族天生就热爱海洋，那么，它将要比不那么热爱海洋的民族更容易纵横于大洋。

在政府性质方面，当西印度商人开始引领整个民族追求殖民和海洋霸权，当德国加速大海军的扩张，当法国很快拥有一支堪比英国的庞大舰队——这是 1779 年来的第一次……英国公众为何"视而不见"？或者说英国人傲慢地觉得自己的世界霸主地位可以始终屹然不动？

所以，如果严格按照马汉的海权理论，英国虽然已经算是受惠够多了，但任何达到世界权力巅峰的国家都是不可能永远保住那个地位的。

制海权总是从一个国家转移到另一个国家手里。尽管英国拥有这样的优势，并且已经成就了三百多年的大不列颠帝国，它也逃不过这样的宿命。

这的确不能再说什么了，唯一就是当今的我们可以有前车之鉴，那夕阳下的"赞歌"不过是扼腕叹息后的不舍。

至少，英国人会这么去想。

第七章

战斗民族：俄罗斯的坎坷海权之路

一、争夺出海口

1

应该说，俄罗斯海军的出现与壮大源自于彼得大帝的不懈努力。当然，这么说未免有一些偏颇，但作为一位出色的人物，我们可以透过他对俄罗斯海军的崛起有一个简单的了解。

如果我们将俄罗斯帝国海军的起源到今天的俄罗斯海军的衰败，或者说是一种低谷期（1996 年）结合在一起，就会发现它从陆上强国向海上强国转变的风云史。这当然有助于我们深入了解由陆权转向海权时国家在面对内部、外部问题时所采取的态度与策略。

俄罗斯帝国的海权模式构架脱离不了彼得大帝的模式，即通过沙皇的绝对权力，在良好的社会秩序——中央集权下，通过军事、民事、经济等的合理变革，从而让这个国家在国际事务上拥有话语权，能与其他大国平起平坐。

俄罗斯帝国海军始建于 1696 年，目的是要让自己从区域性陆上强国转变成拥有一支常规陆军和一支常备海军的强国。这一点倒和德国有些相似。1696 年，彼得大帝对第一次亚速海战役作出了反思，他感受到建立一支拥有雄厚实力的舰队的重要性。他的目标很明确，就是要在亚速海实现对奥斯曼城堡的包围和封锁。随后，他挑选了沃罗涅日城来筹建海军，开始在此地建设军舰制造厂。1696—1709 年，共建造了数十艘大型军舰和战船、火船等。

亚速位于顿河的河口，独特的地理位置使其可以直接封锁俄罗斯帝国进入亚速海和黑海的通道。然而，奥斯曼帝国却在亚速要塞控制了所有进入东方的商道以及通往草原富饶产粮区的航道。这样的陆上强国想要发展、对外扩张就必须打开进入黑海的路，于是，针对土耳其、克里米亚汗国的战争上演在即。

亚速远征一共进行了两次：

1695 年，由弗朗茨·莱福特、P.I.戈尔东、A.M.戈洛文率领的俄军和顿河哥萨克军向亚速进发。这一次远征的目标是要围攻亚速要塞，然而，经过两次强攻仍然没有拿下。

1696 年，经过整编后的俄军从沃里涅什挥师南下，第二次亚速远征开始。5 月 27 日的时候，俄军舰队在弗朗茨·莱福特的率领下，采取从海上封锁亚速的策略。6 月 14 日，土耳其舰队出现在顿河河口，双方展开交战，土耳其舰队在损失了 2 艘战舰后，又遭受到俄舰队的海上封锁，这就导致土耳其无法通过补给线进行援助和给养，亚速守军立刻陷于完全孤立的境况。7 月 17 日，土耳其方面再也支撑不下去了，由伊万·马泽帕盖特曼率领的扎波罗热哥萨克和弗罗尔·米纳耶夫率领的顿河哥萨克开始发动进攻。随后，哥萨克攻占了要塞的外城墙，土耳其人虽然经过激烈抵抗，但回天无力，于是，提议签订和约并交出要塞。1696 年 7 月 19 日，帝国终于取得了向黑海扩张的根据地。

这以后，彼得大帝深刻感受到控制海权的重要性。他对海军建设的兴趣从此一发不可收拾，对各种与之相关的革新保持了极大的热情。

其实，这种热情并不是突然而发的，早在开始与瑞典进行竞争之前，彼得大帝就有意将海上力量从地中海转向北欧强国，特别是英国和荷兰这两个国家。这位雄才大略的彼得大帝决定造访欧洲，并设立了超级大使馆，以此作为游历整个欧洲的官方部门。

由于240年的蒙古帝国的统治，使得这个国家一度中断了与其他欧洲国家文明的联系，而超级大使馆的设立，可以说让这个国家受益匪浅，这种游历学习的方式也成为后来君主的必修课。

1697年，彼得大帝前往西欧期间，为了方便游历和学习，放弃了自己

彼得大帝，原名彼得·阿列克谢耶维奇·罗曼诺夫，是沙皇阿列克谢一世之子，俄罗斯罗曼诺夫王朝第四代沙皇

的高贵身份，并使用了假名——鲁尤特尔·米海伊洛夫。在荷兰的时候，他曾做过造船工；在德特福德，作为 16 世纪中叶到 19 世纪的英国第一皇家造船厂，曾经有过许多辉煌的历史，像大名鼎鼎的詹姆斯·库克船长第三次奉命出海前往太平洋就是从这出发的，彼得大帝在这里想尽办法获取到大型船舶的建造工艺；在普鲁士，他学习射击……总之，他潜心学习了许多西方文化、科学、工业及行政管理方法。

1698 年，当彼得大帝回国的时候，他已经开始系统引进国外新式武器和战略技术了，对于建立一支强大的海军也是有了比较详细的计划。在经济方面，则大力鼓励工商业的发展，譬如，允许企业主买进整村的农奴到工厂做工，批准外国人在这个国家开办工厂。

正是因为这样的改革，1700—1721 年间，在与瑞典进行的第二次北方战争中终于有了俄罗斯海军在波罗的海的现身：它首先参加了控制芬兰湾的战争，之后又参加了控制波罗的海的战争。

在海上力量的构建上，帝国建造了一支由战列舰、木质舰船组成的舰队，目的是为了对付瑞典的海上力量。为了让这支舰队能保持战斗力，对修建造船厂、修船厂的基础设施也做到了逐一到位，海军部亦应运成立。

1703 年，彼得大帝从瑞典手中夺得科特林岛，随后，在这座岛上建立了喀琅施塔得作为要塞城市。其实，彼得大帝在很早的时候，就注意到这一小岛对防卫圣彼得堡的重要性，而这座岛东距圣彼得堡更是仅有 29 公里。彼得大帝除了要在这里建立要塞阵地，还兴建造船厂，他希望这座岛上城市能成为波罗的海东部大海湾——芬兰湾的重要基地。对于这一点，我们只要看看在这座城市里的要塞标志、要塞墙、灯塔即可明白。经过一年多的努力，第一座要塞已经具备相对完善的功能，而喀琅施塔得也成为皇家之城。

位于波罗的海芬兰湾南岸的里加湾和科普利湾之间的塔林，既是波罗的海沿岸的重要港口所在地，也是欧洲的十字路口——连接中、东欧和南、北欧。在成功获得塔林后，这里就顺理成章地成为了帝国舰队在波罗的海的机动基地。显然，这是要通过类似的方式，为其海上力量的构架提供更多的优良基地与港口。

当沙皇俄国在四个海域——北海、波罗的海、黑海、巴伦支海都建立了属于帝国的海上力量后，这就让其通过海权的形式将触角伸向世界各地的梦想有了更多实现的可能。毕竟，这些能够让海上交锋的胜算以及商业贸易的顺畅都得到很大程度上的提升。

海权的构建离不开与之相配套的基础设施，俄罗斯帝国在这方面也在努力着。

在圣彼得堡，彼得大帝在这座城市兴建后的第二年，即 1704 年 11 月 5 日，就建成了第一个造船厂。这是海军部造船厂的前身，由海军部直接管理。其发展历程如下：

1706 年 4 月，第一艘木船下水试航；1709 年 9 月，建造出了第一艘可以出海并装有 54 门火炮的军舰"波尔达瓦号"；1815 年，第一艘以蒸汽机为动力的轮船建造成功；1877 年，建造出当时世界上火力最强的重型巡洋舰"彼得一世号"，引起各海军强国的注目。1704—1917 年"十月革命"爆发前，海军部造船厂一共为俄罗斯帝国建造了一千余艘各类舰只，其中包括 137 艘大型木质帆船式军舰、一百余艘战列舰以及重型巡洋舰等。

在"第二次北方战争"期间，帝国共建造了一千多艘各型船只。到 1725 年，已经成为波罗的海的主要强国，拥有比较强大的海上力量，其舰队高达 27000 人，配备 34 艘战列舰、9 艘护卫舰、700 艘木船、34 艘小型帆船。用于海军建设的年预算为 150 万卢布。

2

瑞典花费了近百年的时间（1560—1658 年）形成了以芬兰湾为中心的波罗的海帝国。其疆域主要包括卡累利阿、因格里亚、爱沙尼亚和立窝尼亚。之后，又在三十年战争中获得了德意志的大片领地，主要包括西波美拉尼亚、维斯马、不莱梅公国和费尔登。

另，在这场欧洲混战中，还获得了丹麦和挪威在松德海峡以北的领地。譬如，在 1655 年，瑞典国王卡尔十世·古斯塔夫决定对波兰宣战，目的是想进一步扩大在波罗的海的领土范围。为了增加胜利的筹码，瑞典与布兰登堡结盟，随后赶走波兰国王约翰二世·卡齐米日。就在瑞典沉浸在胜利当中的时候，俄国、丹麦、奥地利三国同盟宣布对瑞典作战。随后，瑞典被逐出波兰。

接下来，瑞典选择入侵丹麦，并成功获得了丹麦三分之一的土地。在荷兰共和国援助丹麦后，瑞典合并丹麦的计划也落空了。这场战争结束时，波兰王室放弃了对瑞典王位的要求，而瑞典则从丹麦获得了斯科讷。不过，由于有关各国的矛盾并没有得到实质性的解决，40 年后，又爆发了第二次北方战争。彼得大帝势必要在这场战争中取得应有的胜利，因为，瑞典所控制的海域成为他建立俄罗斯帝国的最大阻碍。

显然，彼得大帝心里十分清楚，与瑞典进行海权争夺并不是短时间就能解决的，而阿普拉克辛家族的骁勇善战也为帝国海军的崛起之路发挥了重要作用。这是一对父子元帅，尤其是老阿普拉克辛深受彼得大帝信任，他在"第二次北方战争"中取得了辉煌的战绩。另，像亚历山大·丹尼洛维奇·缅希科夫和鲍里斯·施兰梅特夫等人也是帝国重要的功臣。

瑞典方面，查理十二世也是一位厉害角色，1697 年，14 岁的他继承了王位，成为瑞典帝国的专制君主。他自视为中世纪的骑士，拥有诸多善战的将领，譬如，亚当·路德维希·列文霍普、马格努斯·斯坦博克、卡尔·古斯塔夫·雷恩斯克雷德等。

俄罗斯帝国需要的是水域，彼得大帝对这句话有着刻骨铭心的认识。为了占据通往波罗的海的出海口，他的先辈们早已为此而做过不懈的努力。譬如，伊凡三世·瓦西里耶维奇，这位聪慧狡黠的莫斯科大公果决地独立了出来，他深知要想让这个国家走得更远，控制海洋有多么的重要。于是，他在纳尔瓦河口处建造了伊万哥罗德要塞，然而，瑞典很快就占领了它，伊凡三世·瓦西里耶维奇占领出海口的梦想破灭了。

现在，彼得大帝要完成这个梦想。

俄国在纳尔瓦战役中的失败

战争初期，他失败了，特别是在纳尔瓦战役中，这是他不能释怀的痛。

1700 年，彼得大帝决意率先夺取瑞典控制的纳尔瓦和伊万哥罗德，投入兵力约 3.5 万人，于 9 月 16 日开始围攻这两座要塞。在纳尔瓦和伊万哥罗德两城的瑞典守军共有 1900 人。这样的悬殊比例，应该是成功在望。然而，此时的彼得大帝的同盟者——波兰国王奥古斯特二世却按兵不动。11 月 30 日，查理十二世亲率 3.25 万人进行驰援，采取分割敌军、逐个击破的策略。

由于彼得大帝的陆战团组建不久，又缺乏有丰富作战经验的指挥军官，查理十二世指挥重军袭击右翼，以夺取坎佩霍尔姆岛附近的桥梁，欲迫使敌军失去唯一的进退渡口。到了 14 时，成功突破俄军两处战斗队形。彼得大帝的军队开始蜂拥向渡口撤退，结果导致纳尔瓦河上的桥梁因承受不住重量而坍塌。

未能成功渡桥的士兵被并入普列奥布拉任斯科耶和谢苗诺夫斯科耶军团。两军团拼死抵抗，击退查理十二世军队的多次进攻。彼得大帝的左翼军队虽也顽强抵抗，但由于此时俄军已经被分割为二，再加上缺乏统一的指挥，无法组织防御，无奈之下，只能选择投降。

纳尔瓦战役中，彼得大帝的军队损失惨重，阵亡约 8000 人，损失火炮 145 门。查理十二世的军队阵亡近 3000 人。这次失败让反瑞同盟破裂，查理十二世逼迫丹麦、挪威签订《特兰文达尔和约》。

对失败，彼得大帝虽痛心疾首，却也重新励精图治，面对自身武器相对落后、军队整体素质低下的局面，他随即决定加紧建设帝国海军、正规陆军，并装备射程、攻击力都更强的新式火炮。正如恩格斯所说：

纳尔瓦会战是一个正在兴起的民族所遭到的第一次严重的失败，这个民族的果敢精神使它甚至在失败中学习如何取得胜利。

纳尔瓦战役后，查理十二世将军队转向萨克森、波兰、立陶宛。他的目的很明确，就是要恢复帝国的控制力量，并占据波罗的海诸省。1702 年，在科里佐战役中决定性地打败了萨克森与波兰的联军，并迫使波兰国王奥古斯特退位，不甘失败的奥古斯特虽奋起反抗，仍在 1706 年的弗罗施塔特战役中遭遇惨败，被迫签订《阿尔特兰施塔特条约》。

1703 年，彼得大帝取得在伊萨斯特法和诺特贝格的胜利，打通了至因格里亚的通道，并在那里建造了圣彼得堡。如前文所述，在这里，彼得大帝开始了建设海军的战略规划。此举激怒了查理十二世，决定再次对这个国家发动战争。彼得大帝深知其厉害，采取坚壁清野的策略应对。由于俄罗斯的冬天寒冷潮湿，瑞典部队给养出现了严重的问题，导致行军速度缓慢。久等给养未到的查理十二世临时决定将行军方向转南，到达天气状况较好的乌克兰，在那里搜寻食物。事实证明，查理十二世的这次转向是正确的，因为迫切想从俄罗斯帝国独立出来的乌克兰竟然同意谈判，随后，与瑞典正式结盟。

这时，由温赫特将军指挥的查理十二世的给养纵队也开始向南行军，然而，在渡河的时候遭受到了彼得大帝军队的袭击，此战被称为利斯拿雅战役。面对战斗力比之前（指纳尔瓦战役）强大很多的俄军，温赫特将军不敢恋战，遗弃了很多火炮、牧牛及大部分的食物。显然，这是一个很荒唐的决定，直接造成了士兵动乱的后果。当温赫特将军带领的后勤军在冬天与查理十二世的军队会合的时候，并没有带去一丁点儿补给，唯一带去的就是 6000 人。待到春日，查理十二世决定发起进攻，然而，因在冬天饥饿、冻伤了不少士兵，再加上潮湿的天气耗尽了军队的粮草与火药，导致其战斗力减弱，火炮无弹可发射。

彼得大帝欲报仇雪恨，采取引诱敌军进入精心设置好的要塞陷阱的策略。这时，正值 1709 年 6 月 17 日，彼得大帝在乌克兰东部波尔塔瓦与查理十二世的军队展开激战，俄军以决定性的胜利终止了瑞典作为欧洲强国的时代。

然而，波尔塔瓦战役的胜利，并没有使瑞典放弃战争。彼得大帝于 1709 年与波兰国王奥古斯特签订《索恩条约》，丹麦、挪威与波兰签订《德累斯顿条约》。随后，帝国也与其签订了《哥本哈根条约》，并结成同盟。此后，又与欧洲多国签订协约，形成同盟，从而达到瓦解瑞典帝国的目的。1710 年，帝国成功获得了里加和塔林，波罗的海诸省在爱沙尼亚和立窝尼亚投降后，也一起并入了俄罗斯帝国。1714 年，彼得大帝的舰队在汉科半岛附近成功俘虏了瑞典海军的一支分舰队，值得说明的是，这是帝国海军的第一次胜利。

虽然瑞典败局已定，但它并未放弃努力挽回。1714 年，流亡的查理十二世回到瑞典，两年后，瑞典丧失波罗的海的所有掌控权。

通过大力实行财政和行政改革，查理十二世让瑞典恢复了国力，他决定发动对挪威的战争，以迫使丹麦、挪威单独媾和，并试图获取通往波罗的海的通道。另，他还与英国的詹姆斯二世等人谈判以寻求盟友。然而，此举适得其反，导致英国于 1717 年向瑞典宣战。

1718 年，查理十二世以 6 万的兵力进攻挪威。12 月 12 日，在挪威的腓特烈斯塔被围，不幸被枪弹射死，针对挪威的战争至此停止，军队也撤回瑞典。随后，其妹妹乌尔里克·埃莱奥诺拉即位。

第二次北方战争最终以俄罗斯帝国的胜利而告终，1721 年 8 月 30 日，两国签订了《纳斯塔德条约》。条约规定，瑞属爱沙尼亚、立窝尼亚、因格里亚、凯克斯霍姆以及卡累利阿大部分地区割让给俄国。

瑞典丧失了大部分海外领地，大国地位严重衰弱。而俄罗斯帝国因得到了波罗的海周围的领地，成为了东欧最强大的国家。

3

历史学家伊维根·塔尔列指出，海军在彼得大帝对外政策中起到了重要作用，特别是在形成和保持联盟的过程中。这种联盟有助于扩大帝国在波罗的海的影响，并最终通过 1721 年的《纳斯塔德条约》得以实现。

为了争夺波罗的海的出海口，彼得大帝制定了较为周密的军事战略，即通过利用海上力量——帆船、木船以及海军上将阿普拉克辛的海军陆战团与登陆部队，这些都成为与瑞典作战中让帝国海军取得胜利的重要因素。而彼得大帝在这场持久的战争中，感受到了海军力量带给帝国战争、外交的诸多益处。在战争结束后，彼得大帝转而向高加索与里海抵御奥斯曼帝国的扩张，通过对这些重要区域的介入，帝国在那里获得了里海的部分海域。

里海在海权地理位置上具有不可忽视的重要性，它位于中亚西部和欧洲东南端，高加索山脉以东，制约着中亚巨大范围的土地，更重要的是，经过伏尔加河—顿河运河可以到达亚速海、黑海、地中海和其他大洋。

彼得大帝在里海取得的初步成功，威胁到了奥斯曼帝国的利益，而他并没有做好与之作战的准备，结果在普鲁特河遭遇惨败并被迫与土耳其议和。其实，这两个国家就如世仇一般，为了争夺高加索、巴尔干、克里米亚、黑海……双方间的战争一直陆续不断，前后长达 241 年。彼得大帝在普鲁特河战役的败局，使得他的国家被迫签订了《普鲁特和约》，辛苦得来的亚速重归土耳其。这样的战争结果，让他感受到还要进行必要的改革。正如俄罗斯思想家别尔嘉耶夫所说：

彼得大帝的改革完全是不可避免的，以前的进程为其做了准备……没有彼得的强制性改革，俄罗斯就不能完成自己在世界历史中的使命，也不能在世界历史上获得自己的发言权。

可惜，彼得大帝此时已经进入暮年。1724 年，叶卡捷琳娜被立为女皇，1725 年，彼得大帝死于圣彼得堡，帝国进入到叶卡捷琳娜统治时代。对帝国海上力量的建设而言，南方的海军基础设施遭到冷落，直到叶卡捷琳娜二世，克里米亚半岛并入帝国，并建立了黑海舰队，俄国的海上力量才终于进入强盛时代，并在当时名列世界海军第三。这支由波罗的海舰队、远东鄂霍茨克舰队一起构成的帝国海军，其主要基地在塞瓦斯托波尔，至于与之配套的造船厂则位于第聂伯河上的尼古拉耶夫。

黑海舰队主要参加了克里米亚战争、第一次世界大战。在俄罗斯帝国的构架上，其海权的建立、扩张与很多国家都不一样。最明显的一点是，它有着鲜明的个人色彩，彼得大帝——这个罗曼诺夫王朝的第四代沙皇，在位期间对国内推行的一系列军事改革都是带有主观强制与集权性的。他曾在印章上将自己比喻为帝国的皮格马利翁，赋予其深爱的国家以生命，并以陆军、海军、"全知之眼"（指上帝监视人类的法眼）符号作为背景。

彼得大帝制定的西方化政策成为这个国家走向强盛的主要因素，海上力量是国家力量的支持工具。因此，他在执行期间，尤其是对外扩张方面越发感受到它的重要性，势必要夺取出海口，在国内实行义务兵役制，开办各种军事学校，颁布《军事法规》和《海军章程》，派遣大批贵族青年到国外去学习。

有一种观点是，俄罗斯作为陆上强国，仅仅只是将海上力量当作辅助工具，然而，根据地理环境、国民意识等要素来看，帝国的海上力量却经历了消长的过程，彼得大帝的变革是对西方军事挑衅而做出的连续反应。他在居安思危中还要进行扩张，哪怕失败也要奋力爬起。虽然，他接受的是西方的模式，但是，他结合了国内社会经济结构，避免了完全被西化的宿命。和日本比较起来（这或许可以作为落后国家向西方学习的典型案例来分析），日本是在很大程度上过分依赖英国的模式。彼得大帝的改革则是通过用受过良好教育和西方化的军队精英来统治农奴。之后，帝国专制主义和启蒙运动（譬如，在叶卡捷琳娜二世统治期间提出"所有公民在法律面前应当平等""君主应为其人民服务""一个国家若划分成少数大地产是危险的"等口号）成为了这个国家新秩序的重要标志。这种模式也在随后一个半世纪里演变，并成为俄罗斯帝国军事力量和国家结构的基础。

彼得大帝的改革，应该说是确保了其在法国大革命和拿破仑战争期间于欧洲力量平衡中的地位。纵观它海上力量的消长，我们会发现一个很有意思的现象：它在衰败期后便是恢复期。也就是说，它具备较强的自我修复功能。

对俄罗斯帝国，地理因素或许是其难以抹掉的尴尬疼痛。广袤的陆地战区和外国陆军侵略的威胁，造就了它陆军的强大，担负着防御国家安全的主要任务。一系列水上交通要塞的争夺与掌控，只能说是占据了相对较小的一部分。这样的困境直到克里米亚战争爆发时，才有了明显的改善，并导致了帝国在海权掌控与扩张中的深刻变革。

尼古拉一世，这位君主专制的坚定维护者，在 1825 年继位后，残忍地镇压了十二月党人起义。对西方自由思想的恐惧让他痛下杀手，当然，即便是在这样农奴制度与君主专制并存的环境下，他在对外扩张方面也是取得过不错战绩的，东亚美尼亚、多瑙河河口及附近岛屿、高加索黑海沿岸的土地，这些都为他所夺得。另外，塞尔维亚、希腊、摩尔多瓦、瓦拉几亚也被纳入了帝国的势力范围，版图正日益扩张中。

因一再的扩张，特别是1853年，俄罗斯海军在锡诺普海战中重创土耳其军队，此举已触动了英法的利益。1854年，英法联军开始干涉俄土战争，并派出军队支援土耳其。

其实，早在1828—1829年间，黑海舰队就曾勇敢地与土耳其舰队作战，以支持帝国进入巴尔干半岛。海军上将拉扎耶夫出色的领导与作战能力，让这支海军的专业化水平得到迅速提高。这是通过实战增强海上力量的方式，也是黑海舰队能凭借相对落后的战舰在列强中占有一席之地的关键。

对于帕维尔·斯捷潘诺维奇·纳西莫夫海军中将指挥的舰队在锡诺普海中与土耳其舰队交锋的决定胜利，让英法联军深感若再不出手干预，后果将更加严重。关于这次海战，有必要进行一番描述，这有助于我们对当时俄罗斯帝国的海上力量有一个形象的了解。

锡诺普属土耳其北海岸的重要港口，由于这个突出半岛的南侧是天然半圆形的海湾，又因嵌入内陆而使得四面而来的海风被削弱。我们知道，那些天然优良的港口在海权战略中是停泊、维修、补给、作战等行动的最佳选择区域。

1853年7月，俄军进入摩尔达维亚和瓦拉几亚，占领了多瑙河河口三角洲地区。10月11日，土耳其方面的舰队率先向靠近海岸航行的普鲁特河号、澳丁拿号发动攻击。4日后，向俄国宣战。18日，俄国也不甘示弱，向土耳其正式宣战。

由于帝国海军使用的战舰从1820年起主要依靠英国供应，虽然已经向英国订购了战舰所需要的蒸汽机，并支付了货款，然而，英国担心帝国海上力量过于强大，加之也想谋求在地中海和波罗的海区域的优势地位，所以采取了遏制其海军发展的策略。

第七章 战斗民族：俄罗斯的坎坷海权之路

其实，早在 1840 年之前，英国就已经联合法国共同遏制帝国在中东地区的扩张。譬如，《伦敦条约》中，就有禁止黑海舰队通过博斯普鲁斯海峡的规定。加之在 1853 年 6 月，尼古拉一世出于扩张目的，以对外宣称要"解放"土耳其统治下的巴尔干半岛的东正教徒为由，致使帝国同英国的关系严重恶化。于是，英国决定扣押其全部订货，导致帝国海军无法实现将战列舰改装蒸汽机的计划。这样看来，黑海舰队要想获胜只能另寻他法了。毕竟，这是一场战舰实力不对等的海战。当时，帝国海军只有早年建造的少量蒸汽舰，其余的战舰都是以风帆为动力。

克里米亚战争中被围攻的塞瓦斯托波尔要塞

到了 11 月，土耳其方面的联合舰队驶进黑海，准备与俄军舰队决战。这样的策略源自马汉的海权决战论。帝国海军采取避其锋芒的策略，充分利用优势舰船比萨拉比亚号在黑海南部捕获了敌方的马扎利·特扎利特号舰船。

土耳其方面的舰队自进入黑海后，就一直力图寻找敌方舰队进行交战，考虑敌方海军可能会对康斯坦察至巴统横跨黑海的航线进行袭击，就将主力舰队放在这片海域巡航。结果，十多天都没能发现敌方的舰队。当到达锡诺普近海区域的时候，依然没能发现敌方踪影，由此判定敌方主力舰队可能没有出海。

作出这样的判断，主要是考虑到敌方舰队的动力问题。毕竟，风力为动力的舰船从塞瓦斯托波尔出发抵达黑海南部是需要很多天的时间的。换句话说，这一条航线上不会在短时间里存在威胁。随后，决定起航返至博斯普鲁斯海峡。

223

结果黑海舰队突然出现在了锡诺普外海，由帕维尔·斯捷潘诺维奇·纳西莫夫海军中将统领。原来，他采取游击式的运动巡航策略，一直在外海的水天线附近徘徊，并监视锡诺普角一带。这时候，他敏锐地意识到敌方很有可能已经将行踪传到君士坦丁堡了。

海上的相遇就在那么一瞬间。

面对这样的困境：仅有的 3 艘战列舰是很难与敌方战舰作战的，再加上暴风雨已让 2 艘战列舰受损了，而敌方还拥有强大的海岸炮台防御体系。现在，有两种策略：

要么等待援军，可至少要等到 11 月中旬；

要么撤离。但是等到英法联合舰队到来，那时候，必败无疑。

他最后的决定是，果决地、狠狠地出击。因为，自己的舰队在水天线上时隐时现，这会给敌方造成一种迷惑——无法准确判定自己兵力的多少和位置的分布。这就是说，敌方是不敢贸然出港的，只能等待援军的到来。

11 月 17 日，黑海南部开始降大雾，帕维尔·斯捷潘诺维奇·纳西莫夫的舰队以大雾和夜幕作为掩护，转向巴夫拉角和锡诺普角之间的海岸航行。这片海岸属于向南深入陆地的海湾，而锡诺普就位于海湾的西北顶端的拐角上。他的策略是要先向南进入这个海湾，在接近锚地前，使得锡诺普海角上所有土耳其海岸哨都无法看见舰队。只要这一步达成，再让舰队转向西北航行绕到防备较弱的敌后方发动突然袭击。

一切进展都很顺利，帕维尔·斯捷潘诺维奇·纳西莫夫中将吩咐士兵在舰船上层甲板的卡伦炮上装填了爆炸球形弹。这是一种威力巨大的炮弹，内填大量黑色火药，导火索引信由发射时炮膛火药点燃。

沙皇俄国时期的海军舰队士兵

用爆炸球形弹作战最关键是要成功点燃炮弹引信,这一切当然没有问题。曲射的弹道将爆炸弹射到了一些炮台的露天掩体内爆炸,摧毁了敌方整个炮位。这一战打得非常漂亮,土耳其的奥斯曼帕夏舰队损失惨重。

锡诺普海战中因爆炸球形弹的准确应用,让木质风帆战舰退出了海洋战场,舰队因失去英国进口的大批蒸汽机,只能使用风帆舰作战。这样的弊端是,即便战胜了,也无法快速地去追击残敌。后来,帝国曾想过去袭击土耳其的重要地区,但根本无法实现。

这次海战虽然胜利了,也在黑海掌握了绝对制海权,然而,当英法联合舰队进入黑海后,帝国海军竟没有什么作为,面对动力超强的蒸汽动力战舰完全束手无策。

对此,黑海舰队分舰队司令门契科夫不得不痛心地说道:

我们无法阻止他们,我们的战舰无法追上他们。

帕维尔·斯捷潘诺维奇·纳西莫夫也忧心忡忡地说:

我们很可能自始至终都无法使火炮瞄准敌人,相反风向会使我们的战舰在一些方向上变得非常迟钝,敌人却能够充分利用这些弱点。

于是,一种非常尴尬的局面就出现了:俄罗斯舰队在取得锡诺普海战的胜利之后,一直被困守在塞瓦斯托波尔,再也没有出海进行交战的能力,直至在克里米亚战争中走向覆灭。

对俄罗斯帝国来说,就算成功地获取了出海口,如何保住并巩固壮大海上力量才是眼下的重要任务。而要成功地做到这一切,唯有继续变革。

二、无可避免的变革

1

考虑到俄罗斯帝国长期的财政危机状况，在 1833—1854 年间，俄罗斯帝国的海军部长亚历山大·缅什科夫只能采取一种"空心"策略，他不得不这样去强调：

海军的对外出现不过是为了外交需要，而不是用于作战。没有充足的经济作为支撑，海军战舰不能尽早采用新技术，包括螺旋桨推进的战舰。而不断变化的国际形势，却让这个帝国无法保持同步的技术创新，再加上对国际形势的错误判断，导致经历了一场很难胜利的战争（克里米亚战争），这反而让英法尽快介入找到了一个非常好的理由。帕维尔·斯捷潘诺维奇·纳西莫夫中将虽然成功地指挥了锡诺普海战，但这样的胜利只能是暂时的、局部的胜利。

于是，一个非常可怕的情形出现了，英法的介入就是要在黑海摧毁俄罗斯帝国的海军力量。不过，这场战争却发展成不可控的局面，海军作战已经波及波罗的海、巴伦支海、太平洋。

面对这样的困境，绝不能坐以待毙，是反击才有生路，还是靠幸运躲过劫难？

在北冰洋，英国的舰队突袭了帝国的港口和造船厂，好在未能成功占领位于北德维纳河河口附近的阿尔汉格尔斯克，这可是进入俄罗斯的重要物资运输站。

在太平洋，成功地抵御了英法联军对彼得罗巴甫洛夫斯克的攻击。英法的目标很简单，就是要封锁住出海口，将俄罗斯帝国在远东的海军基地摧毁。纵观英法对其发动的海战，我们可以发现，英国对地理政治学概念很是了解，认定只要占据了"世界岛"的中心位置，就可以让俄罗斯帝国没有大的作为。为了能够夺取俄罗斯帝国在远东的最重要基地彼得罗巴甫洛夫斯克，英国动用了3艘巡航舰、1艘蒸汽巡航舰、1艘轻巡航舰、1艘蒸汽船以及两桅帆船，并配备了火炮218门、2600名舰员和陆战队。而俄罗斯帝国在远东地区，仅有6艘军舰，帕拉达号除了年久失修外，还在日本的下田受过风浪，损坏严重，因此能投入战斗的只剩下4艘。

按理说，这次英法联合舰队应该必胜无疑，然而，俄罗斯帝国似乎有着惊人的幸运。虽然英法已经决定对俄宣战，然而联合舰队行动速度却慢得让人吃惊，竟然用了5个月的时间才到达彼得罗巴甫洛夫斯克，并发动攻击。

兵贵神速，这在海战中依然适用。在这5个月的时间里，英法联合舰队长官大卫·普拉斯为了跟踪追捕敌方一艘落单的军舰极光号，居然从南美的秘鲁一直追到了堪察加半岛。显然，这种不分轻重的行为给予了敌方充足的备战时间。当英法联军舰队进入堪察加半岛最大的阿瓦恰湾的时候，才与彼得罗巴甫洛夫斯克的俄罗斯帝国舰队短暂交战。然而，在正式发动全面炮击时，指挥官却死了。据说，英法联合舰队的指挥官大卫·普拉斯在舰上观战时尚还一切正常，中午与军官们共进午餐也没有发现什么异常。午餐后，他回到自己的舱房后却突然开枪自杀。对于他自杀的原因，至今是一个谜。指挥官的死亡对英法联合舰队的影响极大，以至于在之后的两次强行登陆作战中伤亡率极高。仅一天时间，700人中居然有209人战死，而对方只战死35人。面对这样的窘境，英法联合舰队对彼得罗巴甫洛夫斯克的围困被迫解除。随后，英国部分舰队驶往温哥华，法国部分舰队驶往

1853 年俄土战争期间，停在巴拉克拉瓦港口的英国军舰

旧金山。但战争并未就此结束，再次交战的时候，英国舰队由于判断失误，认为敌方舰队火力十分强大，于是采取了分兵作战的策略，其中，麻鹬号回港请援，而大黄蜂号就地监控。英国人的目的很明确，只需在德卡斯特里湾死死守住，不让敌方舰队出港，就能困住俄国人。待援军一到，再发动猛烈攻击，即可大获全胜。

　　然而天不遂愿，在死守期间，海面上竟然连续出现好几天的浓雾，当援军到来时，敌方竟神秘地消失了。原来，鞑靼海峡北口的坚冰已经开始融化，俄国人立刻决定冒险撤离。因为，在萨哈林与大陆之间有一条狭窄的水道鞑靼海峡，我们知道，在地理位置中海峡的重要性，而英国人却一直以为那是海湾，应该说，正是这条"密道"救了俄国人。最后，舰队进入了中国的黑龙江水域（鸦片战争后，《中俄北京条约》中规定黑龙江以北、乌苏里江以东包括库页岛等领土划归俄国）。

此后，一种非常怪异的局面横亘在了英法联合舰队心中，他们在远东地区一直找不到进攻目标，直到克里米亚战争结束，俄罗斯帝国在远东地区的舰队仍好好地存活着。对此，著名海军史学者安德鲁·兰伯特曾这样评价道：

> 英国大战略也应该包括在波罗的海摧毁俄罗斯海军，但这一点直到1856年战争结束时都未能实现。

俄罗斯帝国海军在克里米亚战争开始前，其世界排名比较靠前。但这样的排名有些名不副实。最直接的一个证据就是，在封锁作战方面显得力不从心，而且装备陈旧、老化比较严重。譬如，在波罗的海的舰队只拥有26艘轻型战列舰，其中有7艘备用；黑海舰队有14艘战列舰在役，2艘备用。另外，有1艘以螺旋桨为推进的战列舰，2艘护卫舰正在波罗的海和巴伦支海建造中，最重要的是，其发动机还需要向英国订购；波罗的海的舰队有9艘侧轮护卫舰，装配103门火炮；黑海舰队有7艘侧轮护卫舰，装配49门加农炮。至于拥有少量蒸汽动力的战舰只装配了2门加农炮，且只属于侧轮护卫舰。

然而，就是这样的海上力量，在克里米亚战争初期，却表现得自信十足。这种自信，随着战争的深入，开始遭受打击。其在波罗的海的海上形势并不乐观，只能用风帆战舰、护卫舰和9艘蒸汽明轮护卫舰开始克里米亚战争。不说那些以风帆为动力的舰船了，就说那些明轮动力的舰船（通过明轮的转动，叶片的拨水来推进航行），虽然明轮推进器比桨、橹等推进工具更先进，但其结构笨重、效率低也是致命弱点，如遇到海上强风暴，部分或全部明轮叶片将露出水面，舰船航行的稳定性将大打折扣。另，明轮的叶片在使用时易损坏。这主要表现在三个方面：

其一，由于明轮转动时有一半叶片在空中转动，这样一来，摩擦阻力就无形中增大了，航行速度直接被减慢。

其二，裸露的明轮叶片增加了船的宽度，当舰船在码头上停靠时，容易与两旁的舰船发生碰撞。除自身受损，也会让两侧的舰船受损。

其三，航行中，如果遇到暗礁或者水草一类的缠绕物绞住明轮的叶片或轴，明轮就有可能失去动力或者遭到损坏。

正因为明轮推进器的种种缺点，到了19世纪60年代，明轮船被装载螺旋桨的先进蒸汽船淘汰了。而英法等国的舰队更是早已放弃使用这种舰船，改用了先进的螺旋桨蒸汽舰船。

面对装备的陈旧、老化，俄罗斯帝国海军部开始建造1艘螺旋桨推进的阿基米德号护卫舰。1848年成功下水，却在两年后毁于博恩霍尔姆岛的一场风暴中。弗拉基米尔·阿列克谢耶维奇·科尔尼洛夫中将，这位塞瓦斯托波尔保卫战（1854—1855年）的英雄提出了新造船方案，即收购英国和法国的螺旋桨推进的战列舰和护卫舰。然而，此方案因战争爆发而破产。忙于战争的俄罗斯帝国，缺乏能生产大型战舰蒸汽发动机、锅炉的工厂和车间。当然，在技术难题的攻克上也没能拥有足够的时间。

在海军行政管理方面，虽然海军部长亚历山大·缅什科夫也实行了改革，然而，正如前文所述，他的"空心战略"导致其只注重表面，不重视作战效率。因此，并未给俄罗斯帝国海军带来实质性的改变。他的改革只是加强了官僚集团的控制，在尼古拉一世统治时期的前25年（1825—1850年），几乎找不到任何关于海军技术革新、现代化建设的证据。

2

这场注重表面而没有实质性的改革直到 1852 年海军部长康斯坦丁·尼科拉耶维奇的加入才得以改观。此人作为亚历山大·缅什科夫的副官，在克里米亚战争期间担任俄罗斯帝国陆军和海军总司令，丰富的实战及履历让他对海军建设有着独特的见解。譬如，他以黑海舰队的作战经验为模板，对其进行分析并总结经验、修正不足，主持修订了海军条令。1850—1853 年间，他亲自监督有关部门对外国海军条令进行系统研究，主持修订讨论会议五十多次，查阅了 2400 条英语、法语、荷兰语、丹麦语、意大利语等，并将讨论、研究成果做成课题，发表在《海军周刊》上，激发全民大讨论。这种对国民海权意识的引导、扩散很有意义。

因《海军周刊》而获益的海军军官和文员越来越多，他们的经验也越来越成熟。譬如，当时就有很多军官以极大的热情讨论并分析 1842—1851 年间波罗的海舰队、黑海舰队的患病及死亡率情况。根据海军部医院提供的数据和资料，得出俄罗斯帝国在大约 10 年间，年死亡人数都高达 3400 人以上，其中波罗的海舰队死亡 23547 人，黑海舰队死亡 11529 人。这说明，海军士兵的生命没有得到有效的保障，这也是造成其战斗力低下的重要原因之一。他们继续往下分析，得出"海军士兵被当作穿有制服的农奴来对待"这样的结论。这项讨论、分析使得未来 30 年俄罗斯海军的变革有了切实的措施。新《海军条令》于 1853 年出版，这使得海军建设、军事训练、生命保障等都有了切实可行的法则。

在海军战舰技术装备的革新方面，康斯坦丁·尼科拉耶维奇也发现了帝国海军的致命弱点。于是，从 1852 年开始，他着手打造规模适中的螺旋桨推进的主战舰群，然而，由于英国的技术封锁，使得这项计划困难重重。为了能解决这一难题，他不断鼓励相关技术人员、专家要找出解决之道。果然，有一位专家通过分析英法海军螺旋桨推进的主战舰的建造过程，发现他们能充分鼓励和利用私营造船厂和工厂来建造先进的战舰，从而使得英法两国在技术革新上掌握了先机。

康斯坦丁·尼科拉耶维奇随即决定组织圣彼得堡与波罗的海的其他港口的造船厂、发动机、锅炉厂家想办法生产出以螺旋桨为推动力的炮艇，这些炮艇主要提供给圣彼得堡、喀琅施塔得、芬兰湾的舰队使用。由于炮艇建造的成功解决，使得在两年的时间中，俄国共建造出38艘170吨的炮艇。随后，这些技术被用于阿尔汉格尔斯克港口的造船厂，并成功地生产出了6艘装配了螺旋桨推动的"快艇"（吨位1500，火炮24门）、14艘轻型护卫舰（吨位2500，火炮32门）。不过，由于这些技术并未达到英法等国的水平。因此，即便是俄罗斯帝国海军增加了这样的炮艇，其在1855年对付英法联合舰队的时候也只能用于防御体系中，炮艇的合理分布可以尽量减少敌方舰队对海岸线的袭击，而置放海面下的水雷可以限制英法舰队的快速机动性能的发挥，两者的搭配使用，则可以达到迫使敌方舰队进入岸上联队、要塞火炮以及舰艇的射击范围。另，还可以起到保护雷场、抑制敌方扫雷的意图。因此，在技术装备不如英法等国的情况下，俄罗斯帝国海军将炮艇用于防御体系中，是充分发挥了它的最大作用的。

事实证明，在实战中，炮艇的确不负期望。1854年，俄罗斯帝国海军将雷场布置在喀琅施塔得，第二年又布置在瑞典堡、维堡、托尔布欣灯塔海域。1855年的夏天，由海军少将莫非特指挥的6艘炮艇在托尔布欣灯塔与敌方的优质战舰交战两小时，因水雷区的合理布置，让两者在防御体系中的作用得到了充分发挥。另，在英法联合舰队对瑞典堡要塞以及毗邻波罗的海的赫尔辛基（这里海岸线曲折，外有群岛屏蔽，具有十分重要的战略位置）进行封锁进攻时，这两者的有效搭配亦起到了很好的防御效果。

英法联合舰队不甘失败，决定在 1856 年进行一次规模更大、装备更好的舰队远征。好在没多久，敌对状态就结束了，否则，俄罗斯在海上的力量极有可能遭受严重的打击。也就是说，其在技术革新上的难关还没有得到彻底解决。1855 年 9 月 8 日，英法联军在围攻 349 日后，终于占领了塞瓦斯托波尔，俄罗斯战败。1855 年 3 月 2 日，尼古拉一世死于无尽的忧患中。据说，他是因为看到克里米亚战争的灾难性后果，选择服毒自杀了。随后，他的儿子亚历山大二世·尼古拉耶维奇继位，成为俄罗斯帝国的第 12 位皇帝，即亚历山大二世。

3

亚历山大二世不愧为优秀的继承者，他用一种柔和的手段开始了他的统治，并成功地度过了帝国最艰难的九个月，卡尔斯（位于土耳其东北部）被纳入帝国版图，加之冬季到来，海面结冰，英法联合舰队被迫撤出波罗的海。

1856 年 3 月 30 日，《巴黎和约》签订，克里米亚战争至此结束。在整个克里米亚战争中，俄罗斯帝国损失 52.2 万余人，土耳其损失近 40 万人，法国损失 9.5 万人，英国损失 2.2 万人。和约规定：黑海中立，禁止各国军舰通过黑海海峡，禁止俄土两国在黑海沿岸修建或保有兵工厂。

这场战争的失败导致俄罗斯帝国农奴制的崩溃，也大大削弱了俄国"欧洲宪兵"的地位。1861 年，亚历山大二世下诏废除了农奴制，此举为俄罗斯帝国在 19 世纪后半期的中兴奠定了基础。

亚历山大二世任命亚历山大·米哈伊洛维奇·戈尔恰科夫为外交部长，

在克里米亚战争以后的 25 年中负责帝国外交事宜。作为 19 世纪中叶和俾斯麦相匹敌的，能让英国首相一听名字就头皮发麻、无比厌恶的杰出外交家，他致力于恢复帝国在欧洲的强国形象。

鉴于《巴黎和约》的相关规定，俄罗斯只能将海军建设的重点放在波罗的海。随后，一系列的改革和造舰计划开始实施。尽快地替换掉陈旧设备、装配蒸汽动力战舰、训练合格的舰队军官与士兵等事务稳步进行中。再后，9 艘配备螺旋桨推进动力的战舰陆续建造完成，却未能恢复如前的数量。于是，一项 20 年的造舰计划应运出炉。为方便了解这一时期的蒸汽螺旋桨舰艇发展情况，特以下表展示。

战舰类型	1856 年	1860 年
护卫舰	1 艘	7 艘
轻型护卫舰	0 艘	19 艘
侧明轮护卫舰	10 艘	10 艘
战列舰	1 艘	9 艘
快速帆船	0 艘	7 艘
纵帆船	1 艘	24 艘
三桅杆帆船	0 艘	2 艘
运输船	0 艘	8 艘
侧明轮船	43 艘	47 艘
游艇	0 艘	2 艘
炮艇	40 艘	75 艘
合计	96 艘	210 艘

造舰计划的出发点是为了平衡波罗的海国家的海军力量，与彼得大帝时期为了支持在沿海区域进行防御作战的陆军而建设的海军模式有较大的不同。一旦有海上强国干预帝国事务时，可以提供适中的防御和保卫。同时，俄罗斯帝国还加强了国内铁路建设，并使之发展到与沿海地区相连的状况，

这一来，即便是海上力量不足以抵抗海上强国的进攻，也可以利用强大的陆军进行两栖登陆作战。另，还充分发挥了体积较小、速度更快、装备优良的作战舰艇的作用，进行商船掠夺。

此策略着实厉害，正如康斯坦丁·尼科拉耶维奇所说：

要么与俄罗斯结盟，要么请求俄罗斯保持中立，这样如果它们与俄罗斯作战，不得不进行更多的准备，而且还要消耗更多的成本。

1858 年，由韦伯公司在纽约建造的海军上将号护卫舰成功下水，其排水量为 5600 吨，动力 800 马力，装配有 70 门大口径加农炮。另一艘在法国建造的护卫舰斯维特兰娜号也在施工中。俄罗斯帝国的这一外购，是为了加强上述策略的实施效果。而外购优秀战舰的目的只是为了破解其先进的技术，再加以消化、融合、提升，以造出性能、装配都一流的战舰。事实证明，这两艘优质护卫舰交付后，经由帝国的造船厂进行技术破解，在掌握了核心技术后，又加以发展，最终实现了国产化。

然而，像英国这样的先进国家，其造舰技术也在不断进步。这一点，随着后来装甲舰的出现便很明显地凸显出来了，俄罗斯帝国无法造出英国皇家勇士号那样的装甲舰。1862 年，决定向英国订购一艘，即佩尔维涅茨号，于 1863 年下水，之后，欲再订购一艘，并试图能在国内建造出这样的装甲舰。

然而，就在美国内战爆发后，一种新型的装甲舰出现了，其主要特点是旋转炮台。这是一种低干舷装甲舰。干舷是指在船长中点处，沿舷侧自满载吃水线量至上层连续甲板边线上缘的垂直距离。舰船的干舷值的大小取决于船舶的长度、型深、方形系数、开口封闭情况以及船舶航行的区带、航区等。

俄罗斯帝国决定采用这样的装甲舰，并先后定制了 10 艘莫尼特级装甲

235

舰。它由瑞典发明家约翰·埃里克森设计，其干舷极低，舰身在水面上只露出 500 毫米，包着 5 ~ 8 层 2.5 毫米厚的铁板，主船体完全在水线以下，排水量有 987 吨，机动性好。在船体中部安装有一座可 360 度旋转的炮塔，炮塔内有 2 门 11 英寸前膛炮，其最大航速为 8 节。这是为了对付弗吉尼亚号装甲战列舰而设计。此舰舰长 53.4 米，航速 5 节，排水量为 3500 吨，并装备有 10 门装甲炮塔，其中 4 门是线膛炮，具有超强的战斗力。可以 360 度旋转的炮塔设计技术，显然成为当时战舰的优秀设计之一。它的优点是可以进行任意角度的射击，当然，舰船的平衡性可能会因此打个折扣。

对莫尼特级装甲舰的偏爱，使得俄罗斯帝国更加注重发展相关技术以及工业基础设施的建造，并对帝国海军建设的现代化进程产生了促进作用。

这种从西方寻求新的舰船设计样式的策略，使得俄罗斯帝国逐渐具备了自主设计相关舰船的能力。譬如，海军上将安德烈·亚历山德罗维奇·波波夫，这位优秀的造船专家，自 1865 年起就将主要精力放在造船科研上。他提出了建造圆形巨舰的构想，像诺夫哥罗德号、波波夫海军中将号就出自其手。尽管后世有人将其评价为最糟糕的战舰设计之一，但无疑"解决"了在黑海北岸海水很浅，吃水 4 米以上的大型军舰根本无法进入第聂伯河口和刻赤海峡的困境，只是，这种战舰最终还是沦为了鸡肋。1870 年，海军部批准建造第一艘圆形装甲舰，在圣彼得堡的加勒尼岛海军船厂开工，亚历山大二世称其为波波夫卡。这艘军舰在建造完工后，被拆成零件运到黑海的尼古拉耶夫工厂重新组装，于 1874 年正式服役，名为诺夫哥罗德号。1871 年 11 月 13 日，海军部批准建造第二艘圆形军舰海军中将波波夫号，于 1876 年 8 月正式服役。

俄土战争期间，诺夫哥罗德号和海军中将波波夫号主要担任敖得萨、塞瓦斯托波尔和刻赤等港口、水道的防卫工作。

波波夫设计的长宽比 1 : 1、造型奇特的圆盘战舰
波波夫号，被誉为那个时代最壮观的失败作品

俄罗斯帝国继续研发新的战舰。因对水雷、鱼雷武器的研发，导致出现了一种新型战舰，即水雷巡洋舰，之后，鱼雷快艇、驱逐舰也相继投入研制。

而上述造船策略能成功的关键之一，在于前文所说的充分利用了私营造船厂。在俄罗斯的造船计划中，积极促成国家与私营船厂之间的亲密合作是重点，政府大力支持兴建造船厂、发动机制造厂与军械制造所等。财政部长康斯坦丁·尼科拉耶维奇对这些事务给予了大力的支持，他甚至还拥护帝国发展私营铁路。像卡尔麦克菲森公司在波罗的海的造船厂、普提洛夫金属加工厂、奥布科霍夫钢铁厂和弹药厂就是这种思路下出现的。

当然，除了为了技术的革新而与私营企业建立合作伙伴关系，帝国还想打造一支小型的、专业的海军军种，这些都在有计划地实施中。

应该说，在克里米亚战争结束后，亚历山大二世接手的是一个国力衰落、危机四伏的俄罗斯帝国,而通过一系列的改革,帝国海上力量得到了较大改善。

三、成败与反思

1

经过几代人的努力与扩张，俄罗斯帝国到了亚历山大二世时期，其疆域及势力范围已经很广了。下面是 19 世纪后半期时的情况。

1858—1860 年间，俄罗斯帝国先后利用《中俄瑷珲条约》《中俄北京条约》割占了中国东北一百多万平方公里土地，而在符拉迪沃斯托克设置的远东总督府，更让中国丧失了日本海的出海口。

1863 年，亚历山大二世出兵镇压了波兰起义，波兰成为俄罗斯的一个省。

1864 年，随着高加索战争的结束，该地区也彻底纳入帝国版图。

1864—1865 年间，中亚的浩罕、布哈拉、希瓦三汗国也成为俄罗斯帝国的势力范围，共计 160 多万平方公里。

1867 年，俄罗斯帝国与美国签订条约，以 720 万美元的价格售出阿拉斯加，目的是为了更好地开发中亚、西伯利亚和远东地区。

1875 年，俄罗斯帝国同日本签订条约，南萨哈林岛成为帝国领土。

1878 年，俄土战争后，保加利亚、波斯尼亚、黑塞哥维那获得自治，塞尔维亚、黑山、罗马尼亚获得独立。俄罗斯帝国在这场战争中，将此前土耳其治下的大片领土据为己有，南比萨拉比亚、摩尔达维亚、黑海沿岸的巴统等地区也被纳入帝国版图。

......

这些都是俄罗斯帝国在经过各项改革国力发展强大后的重要成果。对于海上力量的建设而言，其海军战略也的确接受了一些考验。

譬如，1863 年帝国与英国的战争就威胁到了波兰的一月起义。这是波兰近代历史上规模最大、影响最深远的民族起义。在这场重大的变动中，帝国付出了沉重的代价，而海军方面能起的作用就是在战争结束前部署到美国港口的附近。海军部的策略是将莱索夫斯基的大西洋中队驶往美国的东海岸，同时将波波夫的太平洋中队派遣到旧金山。这些行动虽然看起来对围绕波兰问题的外交作用不大，但至少有一点可以保证，那就是俄罗斯帝国的海上力量可以渗入更远、更广阔的海域了。更进一步来讲，还能与新兴大国美国有更多联盟的可能性，并以此来约束英国政府。

事实上，这样间接式的胁迫策略还是挺成功的。对此，陆军上将马克姆·格里夫认为将帝国的舰队派往上述地区是正确的。

又譬如，在19世纪70年代，俄罗斯帝国通过自身的实力与策略夺回在黑海布置海上力量的权力。这无疑是具有重大战略意义的胜利，也就是说帝国通过具体的军事行动来解决了巴尔干危机，并从中谋取帝国利益，其重要的目的就是获取君士坦丁堡，并打通达达尼尔海峡。

像这样的考验无疑是起到积极作用的，它证明了俄罗斯帝国海军在历经改革后，将自己纳入世界海权中所进行的努力乃是必要而有效的。当然，同时也暴露出了不少问题。而这些问题有可能导致日后的惨败。

因为，对俄罗斯乃至其他欧洲大陆强国来说，如果没有足够的基础设施来支撑海军在某一战区，甚至是多个战区，并能轻松维持和发展海军所需，那么，一味地去建设海军显然是一种奢侈行为。

2

俄罗斯帝国在南方缺少能够建造现代主战舰所需的造船厂，以至于不得不利用武装蒸汽船、海防艇、布雷艇来尴尬应对土耳其海军在黑海的优势。

更尴尬的是，这样的应对模式不能防止英国皇家海军通过海峡来进行所谓国际事务干预。对此，莫斯科大学文学教授斯捷潘·彼得罗维奇·施维廖夫的一番话可谓是一语击中要害。他认为，海军部未能利用1870—1877年这段时间在黑海建造一支现代化作战舰队，以至于错过了最佳的发展期。他也注意到了海军的主张——即这样的项目将花费很多年，要依赖于包括铁路在内的足够的基础设施来支持这种努力，而且无法在战争爆发前完成。另外，这种还在尴尬建设中的舰队无法提高帝国部队穿越巴尔干山脉的速度。以至于当英国皇家海军介入时，帝国因无力应对而感到痛苦万分。

这样的痛苦，来自于无法在较短时间完成海上力量构架及必要的基础设施的建设。疆域的宽广有时看起来却是一种"负担"，在某一区域或者多个区域发现危机、危险时，帝国无法做出强有力的应对。

1904—1905年发生的日俄战争，让俄罗斯帝国遭受了重大的损失。为了应对日本海军在甲午战争后的迅速发展，俄罗斯帝国在19世纪后期就开始了应对策略，即帝国在远东开始海上扩张，通过西伯利亚铁路将欧洲部分与东部领土紧紧相连的时候，因决策者们急于从中国得到远东海军基地，在并未准备好的情况下就开始与日本在海上进行对抗。甚至在孤立无援的情况下，在陆军、海军未准备好的前提下就贸然出击。

于是，俄罗斯帝国在亚瑟港的主要海军力量惨败给了日本海军上将东乡平八郎的舰队。随后，当亚瑟港于1905年落入日本之手时，这支舰队也随之覆灭。即便是后来派出了波罗的海舰队，也为时晚矣。

当日本海军成功偷袭亚瑟港，并正式对帝国宣战时，波罗的海舰队因缺乏作战经验，且装备属于各类型战舰混杂式的，致使其在1905年驶入对马海峡后惨遭日本海军痛击，损失极为严重。这次海战的失败动摇了帝国的统治。不过，拥有海上霸权的日本舰队虽然让俄罗斯帝国海军蒙受了巨大损失，但它却无法羞辱帝国在满洲的陆军部队，帝国总算是找回一点面子。

3

通过前面的叙述，我们已经看到俄罗斯帝国在海上发展的历程中，未能建立扎实的基础设施就急于获得强大的海上力量。这样的恶果是，极有可能招来该地区的海上强国实行先发制人的突袭战术。

对此，英国霍雷肖·纳尔逊将军在哥本哈根的所作所为便是较好的证明。尼罗河战役后，法国海军对那不勒斯及西西里的威胁得以缓解。不久，英国派舰对法国海岸进行封锁，阻止法国与其他国家进行贸易，引来维持中立的普鲁士、丹麦、瑞典，甚至俄罗斯帝国的极度不满。于是，他们组成武装中立联盟，试图打破英国的封锁。当英国舰队群到达丹麦哥本哈根时，就立刻在哥本哈根的对开海域下锚驻扎。1801 年 4 月 2 日，英国舰队副司令霍雷肖·纳尔逊在休战协定签订前，采取先发制人的突袭战术成功地击毁了许多丹麦、挪威船只，从而迫使丹麦议和。

对马海战后的俄罗斯帝国，面临着一场国内革命。这个在世界历史中扮演着重要角色的国家，随着亚历山大二世的下台而走向了另一个方向。而在这场变革中，以彼得大帝开始，在专制改革和数量改变模式的思路下，虽取得了辉煌的成就，成为当时世界强国之一，然而，由于 19 世纪后期的欧洲相继开启工业革命，俄罗斯没能紧随时代的步伐，导致在帝国终结时的尼古拉二世时代，其经济实力远不及其他欧洲大国。也就是说，在海上力量的构建、扩张的过程中，俄罗斯帝国不时处于困难重重的境地中。

不过，在海军建设的过程中，通过购买英美等国家的战舰，获得相关核心技术的策略，也为这个国家今后的发展与强大积累了重要的资本。

对发展海权的国家来说，若能行之有效地、适时地、相配套地组织掌握新技术，加快科学革新，并将国家的经济融入全球市场中，那么，在海权的建设过程中，就能紧跟时代步伐，达到事半功倍的效果。

第八章

上天眷顾：美国海军的全球霸权

一、海洋大国的诞生

1

海洋大国的兴起中，可能不会有像美国这样幸运的了。

进入 20 世纪之后，美国取代英国成为海洋世界的新主宰。我们知道，一个国家的经济迅猛发展，对建设海洋力量意味着什么。

美国经济的猛增，可以说西进运动功不可没。在大西洋被开发 300 多年后，勇敢的人类终于开始了对太平洋的正式开发。美国人欣喜地发现，利用自己的海洋力量，可以在广阔的太平洋上建立起与中国相通的航线。而因航线遥远复杂，就要准备、建立大量的煤炭补给据点，从而更广泛、有力地对海外产生重要影响。这就是说，美国选择了经营太平洋为基点的世界战略，而要完成它，就必须实现对太平洋的绝对掌控。

作为一个新兴的国家，美国自 1776 年的《独立宣言》之后脱离英国，又在 19 世纪上半叶进行了大量的领土扩张，发展成了一个大陆国家。随后，经历了 1861—1865 年的南北战争，这场几近残酷的内耗争斗没有将美国拖垮，它重新站立了起来，并利用大量移民的策略对西部进行拓展开发，使得经济获得了迅猛的增长。

应该说，美国这个国家形成的过程中，西进运动是其经济增长的原动力，也是美国成为今日之超级大国的坚实基础。美国总统林肯对西进运动亦做

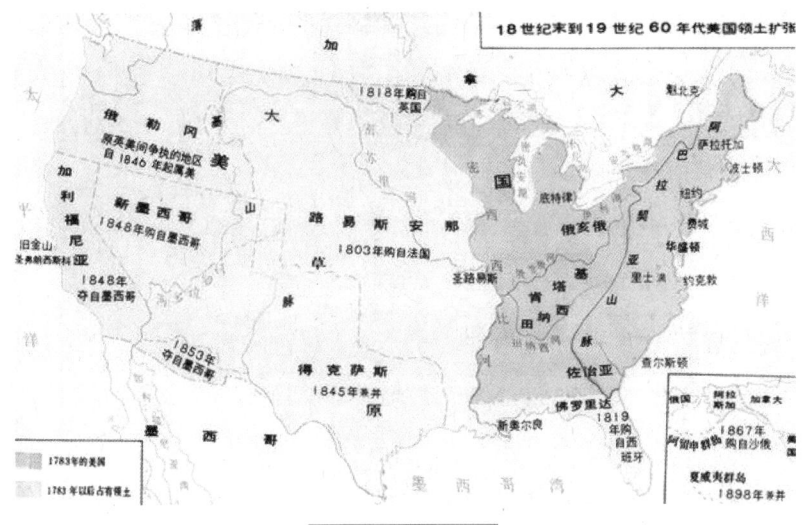

美国西进运动扩张图

西进运动中向西部进发的海船

第八章　上天眷顾：美国海军的全球霸权

出了重要的贡献。他为了让西部广大地区得到大规模的开发，于 1862 年颁布了《宅地法》，里面规定：每个美国公民只要支付 10 美元即可在西部得到 160 英亩的土地，连续耕种 5 年就可成为其主人。这一法令的颁布无疑对西进运动起了巨大的推动作用，更重要的是当时正值蒸汽船时代。于是，大约 3000 万移民为了这份唾手可得的利益纷纷从欧洲各国涌向了美国，生生造就了所谓的美国梦。

在这股强大的移民拓垦风潮影响下，美国政府着手进行了许多基础设施的建设，经过多年的发展，终于成为世界第一的工业强国。

对美国来说，没有什么比西部的开发更重要了。

西进运动大致可以分为以下几个阶段：

其一，跨越屏障，穿过阿巴拉契亚山脉。由于它在东部沿海地带和大陆内部广袤的低地之间形成了天然屏障，因而对大陆的殖民和开发起着至关重要的作用。英国最初的 13 个殖民地就建立在阿巴拉契亚山脉以东，北起新罕布什尔，南至乔治亚的狭长地带。而源出阿巴拉契亚山地的俄亥俄河谷和在加拿大和美国交界处的五大湖区（**苏必利尔湖、休伦湖、密歇根湖、伊利湖、安大略湖**）盛产大量的毛皮，它们在欧洲市场上供不应求。鉴于这样好的市场需求，在 18 世纪 70 年代，一个名叫查德·哈德森的人通过与切诺基印第安人达成的私下协议，控制了肯塔基地区。接下来，在丹尼尔·布恩的协助下，他对这些地区进行了大量的移民，把来自北卡罗来纳的移民迁到了肯塔基。这中间需要穿过坎普兰。另，其他的移民也陆续穿越阿巴拉契亚山脉，在田纳西与俄亥俄（**东邻宾夕法尼亚州**）建立了定居点。经过这些移民的不懈努力，像世界钢都匹兹堡（**位于美国宾夕法尼亚州西南部，在奥里格纳河与蒙隆梅海拉河汇合成俄亥俄河的河口**）这样的著名大城市就发展起来了。

显然，这场迅猛的运动危及了英国的利益，但英国又似乎无能为力。那些疯狂的拓荒者们就这样成功地穿越了阿巴拉契亚山脉这道西进运动中的第一屏障。

　　其二，逐步获得俄亥俄富庶的区域。独立出来的美国掌控横贯阿勒格尼山脉的西部后，其边界北起大湖区，南至西班牙的墨西哥湾沿海属地，向西则扩展到了非常重要的密西西比河。因此，由东到西贯穿这一大片领土的俄亥俄的地理位置就非常关键了。在之后 40 年的西进运动中，有 200 多万的人口分布在这里。以 1820 年为例，在原有的 13 个州基础上，又相继增加了 11 个州。而具有划时代意义的《1787 年宪法》的制定让美国政府对山外版图的管理有了重要的依据，它规定，在经过美国政府行使主要控制权一段时间后，西部的一些合格地区可由准州上升为州。

　　其三，移民至密西西比河。在 1830—1860 年这 30 年的时间里，美国在这一区域逐步实施移民计划，由于交通运输得到较好的改善，致使这里的人口获得空前增长。

　　其四，跨越密苏里河。大量的农民、商人、捕猎者不断涌入密苏里河流域，这其实是在向太平洋沿岸进行的迁移。他们最初到达的地方是密苏里河拐弯处附近。在 1803 年美国政府购得路易斯安那州后，其疆域增加了由密西西河到落基山脉约 84 万平方英里的大片领土。随后，又于 1846 年获得了位于太平洋沿岸的俄勒冈地区，于是，成千上万的美国人迁移到了这里。在他们走过的俄勒冈小道上，还可见当年篷车压出的车辙。到 1860 年前后，这里的美国人已经高达 60 万。

　　这样大规模的拓展与开发，纳荒地入美国版图的运动使得其经济得到了惊人的发展。19 世纪，美国已经是世界第一农业大国，同时亦成为世界市场粮食和肉类的主要出口国。工业方面，美国也一跃成为世界第一，更重要的是其发展速度甚至超过了农业。这样重要的转型，为其打造海上强国提供了坚实的基础和动力。尤其是五大湖地区迅速成为了美国重要的核心工业区，并且工业基地也拓展到了太平洋沿岸。以19世纪最后30年为例，美国工业年平均增长率达到了4.7%，农业则是3%；到1884年，工业净产值第一次超过农业净产值，占53.4%；1899年则占到了58.3%。

2

到了1890年，美国西部基本实现了大规模的开发目标。这时候，凭借西进运动来推动的美国经济来到了转型期。在这一重要的转型期期间，一个在海权史上至关重要的人物登上了历史舞台，他就是阿尔弗雷德·赛耶·马汉，其提出的"海洋战略"为美国新时期的发展指明了方向。他根据对曾经的海洋大国荷兰与英国的历史研究，得出了一条重要的结论：**对殖民地进行统治，并在殖民地与本国之间进行海上贸易是财富的主要源泉。**

阿尔弗雷德·赛耶·马汉特别重视由商船和海军组成的海上力量的构架与扩张，他认为海权强国必须具备五个要素，即地理位置、领土范围、人口数量、民众意识（海洋意识与航海技术）、政府特征（征服海洋的战略）。这些要素将决定海洋力量的强大与否。同时，他还认为海洋力量应包括海军实力、商船规模、港湾建设、海图制作与拥有等。为了实现这一切，甚至可以动用各种暴力与非暴力的手段。一个国家要成为海上强国，需要掌控占地表面积七成以上的海洋世界。换句话说，只要能建立起为己掌控的海上航线，四通八达地"畅游"各个海域，就能控制世界，成为霸主。

因此，在美国的转型时期，阿尔弗雷德·赛耶·马汉为这个国家指出了一条以海洋为发展战略的道路。他以蒸汽船时代沿着煤炭补给据点产生

248

阿尔弗雷德·赛耶·马汉，美国
杰出的军事理论家，《海权对历
史的影响 1660-1783》《海权对
法国革命和法帝国的影响 1793-
1812》和《海权与 1812 年战争
的联系》构成了其"海权论三部曲"

的海上航线为依据，使得美国成功转型成为海洋帝国。

随后，美国开始以太平洋为重心，在这一广阔无垠的海洋世界里，有很大的发展空间，这是帆船时代所无法比拟的。进入蒸汽舰船时代后，在太平洋上的航行更自由、轻松、广域了。显然，阿尔弗雷德·赛耶·马汉意识到了这一点，他发现，掌控占地表 1/3 的海上航线，才是美国 20 世纪最好的发展方向。因为，这些航线能让国家保持强大，焕发新生命力。因此，美国应该积极扩张，并建立与中国市场相连的海上路径。而要达到这样的结果，就必须掌控加勒比海，在他看来加勒比海具有非常重要的战略地位，是进入东方世界的门户。在大西洋上，同样分布着许多航线。具体来说，这些航线里有几条必须使其活跃起来，它们分别是：

其一，北大西洋到英吉利海峡的航线。

其二，从英国经由地中海与红海驶往亚洲的航线。

其三，经由好望角与合恩角到达非洲、南美洲中部赤道地区的航线。

其四，在中美洲地区开通一条地峡（即连接两块较大陆地或较大陆地与半岛间的狭窄地带。譬如，连接亚、非两洲的苏伊士地峡）运河，这样就可以将大西洋与太平洋连接起来，而加勒比海就能成为世界贸易中心。

阿尔弗雷德·赛耶·马汉的这个海洋发展战略，促使美国在中美洲地区开凿了地峡运河。而这个国家的海洋力量与影响力也因此得到了大大的提升。

根据地缘政治学的先决条件，我们可以看出美国具有独特的优势，它处于大西洋与太平洋的中间位置，美国想要更好地发展，就必须将自己转型为能影响世界的海洋帝国。换句话说，美国如果能建立以太平洋为基地并开通驶往亚洲的主要航线，就能获得东方，尤其是中国这个广阔的市场，并且从此成为掌握世界霸权的海洋强国。

3

美国是幸运、明智的。它认可、接受了马汉提出的伟大战略，并根据国情制定了自己的世界政策。

譬如，美国十分看重位于太平洋彼岸的中国的巨大市场。于是，它在加勒比海的西方开始挖掘运河，动用各种手段实现了对太平洋上诸多岛屿的控制，并且建立了以煤炭为主的补给基地，试图掌控巨大的亚洲市场。1898 年，这是美国海洋历史上比较重要的一年，当时，古巴发生了大暴动。古巴当时是西班牙在加勒比海的最大殖民地。马汉曾说过：

在试图控制加勒比海的三个具有可能性的基地中，古巴的作用最大。

美国岂能放过这个千载难逢的机会，随后就以保护美国人安全为理由，派最新战舰缅因号向古巴进发。

2 月 15 日晚上，这艘由佛罗里达州基韦斯特出发的战舰到达了古巴的哈瓦那港。然而，缅因号却莫名其妙地爆炸了。爆炸的威力巨大，缅因号受损严重，前侧三分之一的船体几乎都被毁掉了，船上有 266 人遇难。由于缅因号代表了当时美国海军形象，甚至是国家形象，美国政府就此发出强烈抗议。

随即，缅因号爆炸事件成为了许多报纸的头条新闻，并指控西班牙一手策划用水雷偷袭了缅因号。一时间，舆论的风头全指向了西班牙，在美国国内亦掀起层层波浪。

西班牙在中南美洲拥有广袤的殖民地，古巴就是其中之一。但西班牙在古巴实行了暴虐统治。特别是在 1896 年，西班牙为隔绝古巴农民与起义

缅因号在古巴哈瓦那港爆炸沉没

军的联系，竟然将平民封锁在集中营中，约 11 万平民或死于瘟疫，或死于饥饿。这一毫无人道主义的暴行遭到美国媒体的强烈指责。

3 月 27 日，美国驻西班牙公使向西班牙提出在古巴停火及取消集中营等条件。这个已经衰败的殖民帝国考虑到实在没有能力与美国对抗，便尽量采取和平手段，坚称与这一事件没有任何关联。在两国争执不休的情况下，双方决定成立调查团对此事件进行深入调查。然而，当西班牙的调查人员要求登上缅因号调查的时候，美方却拒绝了。不久后，又把炸坏了的缅因号拖到大西洋沉入海底。这样一来，调查工作彻底陷入了绝境。

鉴于国内愤怒情绪的高涨，美国总统麦金莱决定对西班牙宣战。当然，总统的这一决定或多或少带有私人情绪。据说，西班牙驻美国大使洛梅曾在一封私人信件中侮辱了他，说麦金莱是一个愚不可及、水平低下的政客。

此后，国会也发表声明，认为古巴拥有独立权，西班牙必须从古巴无条件地撤出，必要时古巴可以采取武力手段，美国无意兼并古巴。

4月22日，美国封锁了古巴港口，西班牙被迫宣战。

在菲律宾战场，由亚洲分舰队司令 G.杜威作为指挥官的美国舰队从香港海域驶出，进入了马尼拉湾。西班牙方面，舰队由 P.蒙托霍指挥，但装备比较落后，又缺乏准备，根本无法与先进的美国舰队抗衡，损失惨重。不久，美军就占领了马尼拉城，西班牙失去了菲律宾。替而代之是由美国掌控的 E.阿奎纳尔多政府。

在古巴战场，西班牙舰队从大西洋的佛得角群岛出发，驶进古巴东端的圣地亚哥湾。这其实是一个重大的战略错误，因为美国舰队（由 W.T.桑普森指挥）可以采取封锁那片海域中所有通往海港的狭窄航道的策略，直接把西班牙舰队围困在港湾里，利用火炮的远射能力，不断地发动压倒式的攻击来达成战略目的。

西班牙舰队突围失败，最后只能决一死战了。这时候，双方形成了平行的攻击队形，美国舰队利用火炮射程远的优势，将落后的西班牙舰队打得溃不成军。遭受惨败的西班牙，只能选择投降议和。

正如当时的国务卿约翰·海伊所说，这就是一场"漂亮的小战争"（即美西战争），美国只用了不到4个月的时间就击败了西班牙，将加勒比海的古巴和波多黎各掌控在了自己手中。另外，还获得了在太平洋上的关岛、菲律宾群岛的控制权。

也是在这一年，美国还利用强大的海军，吞并了当时已经成立共和国的夏威夷。因为，马汉认为，夏威夷群岛距离旧金山、马克萨斯群岛、萨摩亚群岛的远近相等，正是太平洋上最好的海军基地，可以作为美国前往澳大利亚以及中国的交通中转站。

1907 年，美国成立了太平洋舰队。这就使得从加勒比海到夏威夷、关岛、菲律宾的东亚以及澳大利亚的海上航线有了较强的保障。

4

在构建海洋大国的进程中，美国对巴拿马运河的开凿势在必行。因为，这条运河横穿巴拿马地峡，连接太平洋和大西洋，是重要的航运要道。对此，可以在阿尔弗雷德·赛耶·马汉的海洋战略里找到一个有力的支持点。

他对连接加勒比海与太平洋的运河的重要性有着独特的见解。他说：

加勒比海现在只是一条通商道路的终点，是地区贸易的场所，只有几条断断续续不完整的航线，而运河开通之后，加勒比海将一跃成为世界最主要的通道之一……将彻底改变传统贸易路线。在加勒比海域进行的通商活动与运输业将得到大幅度提高。而且，现在相对来说船舶往来较少的加勒比海，很快就会像红海一样成为世界上最主要的海域，成为我们之前从未见过的贸易中心，一定也会引发其他海洋国家的关注和野心。不管我们的国家在加勒比海上占据了什么位置，都将在经济和军事上成为重要的战略焦点。

1899 年，美国议会成立了地峡运河委员会，打算在尼加拉瓜着手开挖运河。然而，法国也对在加勒比海建设运河热心无比，并且因成功开通苏伊士运河而声名显赫的莱赛普斯也将运河地点选在了巴拿马。不过，由于开凿运河需要庞大的费用，他无法承担，其所在公司只得提出以 4000 万美元的价格出售资产，地峡运河委员会得知此消息后，立刻改变了初衷，从哥伦比亚租借了巴拿马地峡周边的区域进行运河建设。

然而，运河建设并不是很顺利。譬如，1903 年，美国政府提出先支付哥伦比亚政府 1000 万美元，以后每年支付 25 万美元作为租借费，但遭到了拒绝。美国政府开发运河的决心不会动摇，正如美国第 19 任总统拉瑟福德·伯查德·海斯所说：

　　美国必须把巴拿马运河控制在自己手中，它决不能放弃这种控制而将运河交给任何一个欧洲国家！

　　1903 年 11 月，哥伦比亚巴拿马州的大地主们发生了叛乱，于是，美国政府趁机向巴拿马海域派遣了舰队，阻止哥伦比亚政府军登陆，帮助巴拿

开凿巴拿马运河时候的场景

马共和国从哥伦比亚独立出来。随后，在 1903 年 11 月 18 日，美国与巴拿马共和国签订了《美国与巴拿马共和国关于修建一条连接大西洋和太平洋的通航运河的专约》。其内容主要包括：美国保证巴拿马独立的同时，巴拿马政府需将宽 16 公里的运河区交给美国永久性占领、控制；美国一次性付给巴拿马 1000 万美元，自 1913 年起每年支付 25 万美元。

1905 年，一条闸门式的运河开始施工建设。经过千难万险，从加勒比海利蒙湾的克里斯托弗到巴拿马湾的巴尔博亚的巴拿马运河终于完成。1920 年 6 月 12 日，巴拿马运河正式通航。在几十年的建设期间里，共有近30000 人死亡，其中还包括不少中国工人。

这条凝聚着人类智慧结晶与血泪的巴拿马运河，当时全长 82 公里，水深约 13 米，最窄部分 92 米，共计铲除了 1.34 亿立方米的土地。美国在运河区常驻重兵，先后建立了 14 座军事基地或要塞，成立了加勒比海司令部。如今，巴拿马运河承担着全世界 5% 的贸易货运，中国是巴拿马运河的第二大用户。

巴拿马运河，成了美国通往太平洋和东亚的大门，并进一步促进了这个国家海洋战略的步伐。第一次世界大战后，华盛顿会议废除了英日同盟，而企图维持并扩大在东亚既得利益的日本野心暴涨，结果导致与美国的矛盾激化。美国进入太平洋和中国的战略与日本的企图产生了冲突，最终导致太平洋战争爆发。

为了建设巴拿马运河，美国共付出了 3.75 亿美元，但是，这绝对值得：

其一，从纽约到洛杉矶的距离比绕行麦哲伦海峡的航程缩短了 7800 多海里；

其二，美国东部海岸的工业生产中心与太平洋连接到了一起，使得阿尔弗雷德·赛耶·马汉提出的以太平洋为中心的海洋帝国目标得到了迅速的发展。

西进运动，再加之巴拿马运河的成功开发，使美国的海洋力量得到了更好的发展。美国的目标是要将庞大的中国市场纳入美国经济圈中。

然而，也就在这一时期，中国爆发了辛亥革命；第二次世界大战后，中国陷入内战，使得美国没能按照预期打入中国市场。

二、美国的"世界"策略

1

英国在两次世界大战中，虽作为战胜国，但其帝国影响力已经日趋减弱。以英国为霸权的时代转为以美国为主的霸权时代，作为两次世界大战的受益者，美国在战后经济得到稳定发展，成功地建立起了大海运贸易圈，并迅速扩展到了全世界。

在第一次世界大战之前，英国的船舶数量占了全世界海上贸易船舶总数的一半，英国的海运业拥有绝对的优势。当时，美国虽然名列第二，但输送量根本无法与英国相比，只占到全世界海上总输送量的十分之一。同样，在制造业方面，美国绝大多数的船舶都是在英国的造船厂建造的。

然而，在第一次世界大战后，这种由英国占绝对主导的格局就发生了巨大变化。这主要是由于美洲地区没有成为第一次世界大战的战场，反而成了世界的军工厂和粮食库，经济因此得到惊人的增长。在海运方面，战争初期的美国物资输出主要还是依靠它国的船只，但到了1916年，这种情况有了明显的改观。我们来看一组数据：

1913 年，美国的造船厂具备的造船能力只能建造出 23 万吨的远洋船，到了 1919 年，其能力得到了惊人的提升，可以建造出 300 万吨的远洋船。第一次世界大战，全世界损失了约 1200 万吨的船舶，而美国却增加了 900 万吨的商船。1920 年，美国竟然成了拥有 1240 万吨的大商船队的海运强国。

当那些海上强国，尤其是英国在第一次世界大战中不断消耗的时候，美国却从中得到了巨大的利益，从而成为世界第一的海洋大国。

为了解决燃料的不足问题，美国船舶逐步替换了以煤为主的燃料，开始改用石油。因为，石油只需要煤炭一半的体积就能达到相同的效果，且利用率明显高于煤炭。更重要的是，采用石油作为燃料的船舶只要煤炭的三分之一的费用即可进行航海。美国的这一举措，很快就影响到了全世界，很多国家都开始用石油取代煤炭作为远洋船的燃料了。

另外，美国总统伍德罗·威尔逊提出的"十四条和平原则"中的"无论战时与和平时期，公海自由"也得到了国际的认可。

2

由 1929 年资本主义各国家发生的经济危机越来越严重，最终导致第二次世界大战的爆发。这场战争比前一场波及范围更广，规模更大。

在这场战争中，因日本成功偷袭珍珠港，致使美国在太平洋地区的海上力量受到巨创，美国也随后加入战争，对日本、德国、意大利宣战，亚洲与欧洲的战争也由此连接起来。

美国和日本在太平洋的战争中，美国以强大的海上力量、丰富的物资储备、先进的科学技术、灵活的战略战术等因素掌控了太平洋的制海权与制空权。通过对东京的打击，并在 1945 年的冲绳战役中占领了冲绳，美国获得了在远东地区的重要军事基地。冲绳位于由渤海、黄海等组成的东亚中心海域的入口位置，日本投降后，美国终于打通了连接中国的海上航线。

第二次世界大战让全世界遭受了巨大损失，尤其是中国。然而，海上区域的美国船舶总数不但没有减少，反而增加了。我们来看一组数据：

1939 年全世界船舶的总吨数是 6143 万吨，到了 1946 年增加到了 7292 万吨，在战争中损失了约 3470 万吨的船舶。美国新建造的船舶完全可以抵消这些损失。1942—1945 年，仅 3 年时间美国就建造了 5592 艘商船，其中游轮 1651 艘，这些船舶为全世界输送了大量的军需物资和兵员。战争结束后，美国能做到在短短的 3 个月内将分布在世界各地的 350 万美军战士送回国内，足见其强大的船队实力。

美国在 1946 年制定了《商船买卖法》。在第二次世界大战中美国有 5600 艘船销售给了其他国家，本国剩余的船只在经过整理优化后，使得全世界的海运恢复正常。

大量高科技的运用，特别是在 20 世纪 70 年代后，将人造卫星、电脑等高科技手段融入海上力量的建设中，使得漫长的海上航行更加安全、稳定。人类与海洋的活动因信息技术革命而发生了巨大的改变。美国国防部在 1967 年将海军航行卫星定位系统向民间开放，更多卫星的发射，使得船只在更多海域都可以立刻得到相关的位置信息。气象卫星的出现，也使得在航行中能更灵活地掌握天气变化。

3

19 世纪 90 年代，一位叫约翰·斯科菲尔德的美军司令官曾这样说道：

在像美国这种形式的国家，海军是国家武装力量极富攻击性的拳头……必须保证其行动的一切自由……只要该港口设有海军的工厂或仓库……被外国攻占或永久占领不在这个国家的政策考虑范围之内。

美国的这种攻势制海理论被广泛地接受，并被认为是合理的。在只有两支舰队争夺决定性制海权的时候，必然会有一个明显的赢家。显然，美国要做这样的赢家。海权观念的盛行正好印证了这个国家随时可以坚决地以海军战略和具体的军事行动来确保安全、稳定、繁荣，甚至扩张。

当日本欲打造一支实力相当于美国 70% 的战列舰队时，在 1922 年的《限制海军军备条约》里，美国、英国、日本接受了 10：10：6 的主力舰吨位比例。美国原则上实现了它长期追求的与英国皇家海军在数量上的对等，至少在战列舰方面。这是一种胜利，虽然有些名不副实。因为，英国不会放弃它海军的优势，何况它还有一支拥有真正实力的舰队。各缔约国宣布 10 年内停止发展海军，他们为战列舰的吨位设置了 35000 吨的上限。这才是美国对英国的胜利，英国一直在梦想着 48000 吨的超大战斗巡洋舰。对美国而言，当时在其区域内拥有基地，不需要拥有这么大型的军舰来实现控制本土海域的战略。不过，对于西半球之外的事务，美国还是需要相当大规模的大型军舰的，如 35000 吨级的，这样才能够弥补美国缺少前沿基地的不足。

于是美国报废正在服役的战列舰，并减少了建造战列舰的数量，改为装配实力更雄厚的战舰。而华盛顿会议后，美国减少建造战列舰的结果之一是导致了新一代航空母舰的诞生。那些战斗型的巡洋舰的船骨被改造成海军最早的航母——列克星敦号、萨拉托加号，为未来的大型快速航母提供了样本。特别是列克星敦号还为中途岛的胜利打下了基础。在1930年1月，列克星敦号为因干旱导致水力发电中断的华盛顿州塔科马市的10万居民供电。当功率庞大的列克星敦号主机接通岸上的电缆后，在一个月的时间里竟然提供了425万千瓦时的供电，实在是让人惊叹不已。

20世纪30年代的经济危机下，美国海军没有太大的作为。但是20世纪30年代后开始了复兴进程，军备状态下的美国，让国民拥有了更多的就业机会，从而将这个国家从大萧条中解救了出来。譬如，在建造船舶的工厂中做工就等同于就业。海军作战部部长普拉特和总委员会提出了一项包括119艘舰船在内的八年计划。这项计划的意义重大：

其一，替换了现有的落后舰船，特别是第一次世界大战时期留下的100多艘驱逐舰，使得舰队的实力稳中提升。

其二，增加了军舰的数量，对他国有一种无形的威慑。

据悉，这项计划将耗资10亿美元，新任总统富兰克林·罗斯福在1933年6月对该计划做出了回应，批准拨款2.38亿美元用于军备升级。海军部长克劳德·斯旺森曾说：

自1916年威尔逊总统决定将美国海军实力提升到首位之后，我们的国家便再也没有实行过这样的军备计划。这次计划与国家工业复兴法案的目标高度一致。因为，它将明显地增加就业并促进商业、工业以及农业领域的经济复苏。

列克星敦号与萨拉托加号航空母舰

这就是说，美国在建设海上力量的进程中，一旦遭遇到挫折、瓶颈，这个国家选择的不是放任自流、故步自封，而是积极地想办法解决、优化和提升。像这样的问题，当然不止一次。1945 年 9 月，就在美国海军力量的鼎盛时期，海军部长詹姆斯·福里斯特尔曾提出过这样的问题：这场战争之后我们为什么还需要海军？

进攻式的海军已经做完了它该做的事。唯一可以预见的敌人在遥远的大陆深处，它一支进攻式的舰队都没有。海上的敌人并不存在，而未来战争的模板是"空—核战"，海军似乎无戏可唱了。它的攻势制海原则变得无关紧要。舰队力量应被重新用于前阿尔弗雷德·赛耶·马汉式的海上巡航。

相信很多国家都面临着这样的困惑：和平时期海军用来做什么？对美国而言，那些站在前沿的精英们，认为时代的进步要求武装力量在功能上实现专业化，在指挥上实现集中化。陆军航空兵应当接管航母空中力量，陆军应该接管海军陆战队。然而，有什么是海军能够做到，陆军航空兵做不到的呢？海军为什么还需要海军陆战队？与苏联之间的战争不需要登陆作战，下一场战争的模板是第二次世界大战的欧洲战役，而不是太平洋战役，在未来战争中，海军将成为辅助兵力？

制空权代替制海权成为国家命运的决定因素，空袭是武力投射最经济、最有效的办法。而以封锁、消耗为基础的间接式的海战则需要很长的时间才能产生效果。

上述问题的尴尬与难解确实困扰着美国，于是，海陆空三军合并的解决策略便产生了。这种方式可以更加优化地整合三军的最佳优势，在节省军费支出的同时，还能提高反应速度、作战能力，不失为一种很好的解决之法。

而核武器的产生并随之而来的广泛运用，更让海军发挥了重要的作用。

这一点，可以从美国五星上将尼米兹将军的一段话中得到解释：海军的陆基空中力量可被用来"针对敌人关键设施"的战略轰炸，这已经超越了之前海军制海使命。少将埃德温·克鲁斯也说：

美国可用海军航空力量支援制海和舰队防御，打击与海战相关的目标……从潜力上来讲，航母攻击不仅可以使用大规模杀伤性武器来进攻敌人的城市和工业目标，还可以使用各种类型的武器来打击敌军的空中力量和空军基地。

制海就意味着要进行反潜战。美国已经意识到来自这方面的威胁。海军——快速航母特混舰队的首要任务就是制海。美国海外军事效能面临的最大威胁就是来自敌军高效的潜艇部队，其拥有与德国 21 型 U 型舰同样先进，甚至更加先进的武器。

当务之急是战争一旦爆发便立刻尽一切努力使敌军潜艇无法接近开阔的大洋。由于潜艇可能会造成巨大的威胁，以至于航母特混舰队早期的战斗主要着力于摧毁潜艇基地或通过轰炸、布雷来封锁潜艇的海上出口。

要解除潜艇的威胁，美国甚至英国自身的潜艇要在第一时间部署在科拉湾附近的巴伦支海域、往北海的通道、卡特加特海峡、波罗的海等四面的入口处。

美国的"世界"政策，或许就是在确保本土绝对安全的同时，还要将海上力量伸展到世界各地，继而保持它的"绝对"制海权，再构架全球以"美"为核心的经济圈。当然，仅凭海上力量还是不够的，三军合并的模式，让这种可能有了更坚强的保障。

三、不同时期的海洋安全形态

1

从地理和历史来看，美国都享受了上天的特殊照顾，似乎注定了这个国家与海洋有着难解之缘。譬如，大西洋、太平洋作为这个国家的天然屏障，使得它不易受到外部战火的袭扰，同时又可作为天然的海上通道，自由地向外部扩展国家意识和力量。美国的诞生与存在依赖于海洋，其海上活动组成了这个国家大部分的历史。200多年来，美国的海洋安全都与国家安全紧密地联系在一起。

早期的海洋安全形态，大都以沿海袭扰为主。美国从英国殖民中独立出来后，为了保护这份成果，它需要对英国的海上交通线进行袭扰。在独立战争期间，英国对北美地区的殖民地实行了严密的海上封锁，这主要源于它对大西洋拥有较强的制海权。为了对抗这样的封锁，美国开始筹建海军，因为包括英国在内，双方军需物资都较大程度上依赖于海上补给。正如乔治·华盛顿所说：

在当前的战争中，陆上部队所做的努力再大，海军仍有决定性的作用。

独立战争后，美国海军作为陆上防御的附属，杰弗逊政府实行了炮舰政策，认为只要有一支能保卫沿岸、港口的海军就可以了。正是因为这样的政策倾向，使得这个国家在第二次英美战争期间，因缺乏大型战舰的支援，使得海军既不能去公海为商船护航，又不能阻止敌人对美国海岸的封锁，也不能让美国免遭侵略。剩下的海上作为，只能选择沿海袭扰了。

第二次英美战争后，这种状况有所改观。由于经济得到较快的发展，加上居安思危的国家意识，虽然在南北区域无强国威胁，东西有大西洋、太平洋的保护，但对来自大西洋对岸的威胁仍然忧心忡忡。这主要表现在：

因海上贸易的繁荣，1820—1860 年间，美国进出口贸易增长了近 5 倍，如此活跃的海上贸易使得活跃于世界各海域的海盗们都垂涎三尺，1815—1822 年间，仅加勒比海、墨西哥湾遭受海盗袭击的商船就高达 3000 多艘，其中大部分为美国商船。这时期的海军承担着打击海盗，以保护海上贸易的重要任务。

2

从 19 世纪末到冷战结束，也即大约从 1890—1991 年，在这一相对漫长的时期，美国主要实行争夺海洋霸权战略。

经过这百年的努力，美国走出美洲，进入海洋，扩展到全世界，20 世纪是属于美国的世纪。两次世界大战让美国受益颇多，成就它世界海洋霸主的地位。其间，美西战争、第一次世界大战、第二次世界大战这 3 次重要的战争，让美国的触角从加勒比海扩张到大西洋，再到太平洋，全世界的主要大洋都有它的身影。1945—1991 年冷战期间，主要以遏制苏联的扩张为主，两个大国的争霸，最终使得美国赢得了世界霸主的国际地位。冷战期间，美国十分看重来自苏联的海上威胁，因而同苏联展开了战略对抗。为了防止这种态势下不必要的伤亡与重大损失，1972 年 5 月 25 日，两国签订了《关于防止公海水面和上空意外事件的协定》。

20 世纪 70 年代中期，苏联已经拥有一支实力较强的以弹道导弹核潜艇为主的远洋海军，这样的海上力量使得苏联的影响力从尼加拉瓜扩展到了南太平洋，从越南扩展到了非洲。水面舰艇部队的活动范围甚至扩展到了加勒比海、墨西哥湾。面对这样的威胁，美国海军部长小约翰·莱曼与里根总统政府实行的"重振国威、重振军备"的政策相互配合，让美国海军的任务更加明细化。

　　这时期的美国海军主要负责控制各种国际危机，实施威慑。如果威慑失败，则要阻止敌人利用海洋发起攻击，在战争状态下不让敌人利用海洋进行运输活动。确保美国及其盟国自由地使用海洋，确保利用海洋支援陆上作战，利用海洋把战场推向敌人一方，并在有利的条件下结束战争。

　　冷战结束后，由于两极格局已经完结，形成美国一家独大的格局，这个国家领导世界的愿望更加强烈。这时候，美国认为至少在 20 年内在海上力量的交锋中不会有厉害的战略对手出现。因此，美国海军将重心聚焦在

冷战期间的航空母舰，图为疯狂的海上火箭助推实验

了世界沿海地区，通过控制沿海地区以便将力量投射到陆地区域。

特别是于 2002 年 6 月公布的《21 世纪海上力量》战略白皮书，这份由海军作战部长维恩·克拉克在美国海军战争学院作的报告，要求美国海军必须具备海上打击、海上盾牌、海上基地等 3 种能力。

3

在经历恐怖袭击"9·11"灾难后，美国制定了先发制人战略，先后发动对阿富汗、伊拉克的战争，其国际形象因此而受损。

2007 年颁布了《21 世纪海上力量合作战略》，这是由海军、海军陆战队和海岸警卫队联合推出的关于保卫美国本土和海外利益的共同战略。其核心是要完成海上安全、人道主义救援和灾难应对。

2015 年，新版的《21 世纪海上力量合作战略》发布。这份海上战略描述了美国将如何设计、组织和部署海上军事力量来支持国家、国防和国土安全战略，也为一个资源紧缩的时代确立了海上事务的重点，强调了作战能力、推进海上军事存在。

随着全球海上商务的扩大、人口的增长、对能源和自然资源争夺的日趋激烈，以及先进的军事技术通过海洋和沿海地区扩散，美国要为以自由商品流通为基础的开放经济体系提供必要的安全环境。

海上武装力量将在世界各大洋行动，保卫国土，建立全球安全，投射力量，决战决胜。这种在全球海上行动的能力、防止他人利用海洋损害己方利益的能力构成了美国的一种战略优势。作为海上超级打击力量的航母打击群，配备海军陆战队的两栖特遣部队，加上水面作战舰艇、潜艇和海岸警卫队巡逻舰，提供了灵活和可持续的从海上到沿海地区支援海军使命的力量选项，这些使命包括：保卫国土、遏阻冲突、危机反应、击败进犯、保护公海、加强伙伴关系，以及提供人道主义援助和救灾。

为实现国家安全的目标，美国将越来越多地使用海上军事力量。海上军事力量能够为美国提供可靠、灵活和规模可以调整的选项以维持海上自由，对危机做出快速反应，威慑和击败对手。

这份战略指明了美国有可能遇到的一系列地缘政治、军事、财政方面的挑战，以及海上力量可能遇到的机遇或者需要克服的挑战。这就是说，美国在面临 21 世纪的挑战时，将验证新的作战概念，特别是在有争夺的环境里。

因为，美国的首要任务仍然是捍卫国家安全、人民及其生活方式不遭受到挑衅与威胁，并促进国家利益的最大化。正如美国过去两个多世纪以来所做的一样，其海上力量——推进、参与、常备永远不懈。

正在船厂建造的美国福特号航母，代表着美国对未来海权的势在必得

第八章　上天眷顾：美国海军的全球霸权

第九章

王者归来：中国海权战略与崛起

一、明清时期的海权片段

1

似乎很难相信，在 15 世纪就能够纵横于大洋的明朝，到了 16 世纪中叶竟然无法从容应对自家门口的海盗。

事实上，明朝对海洋的热情并没有持续太久，它不同于那些自发或者被迫向海洋大国转变的国家，而是主动放弃了充当亚洲，甚至是全世界霸主的机会，从初期的繁荣到停滞不前甚至"落后"，终于导致海洋贸易和海军实力直线下滑。

要想转型为海洋国家，或者说海洋国家要想更加强盛，科学技术的发展是很重要的一环。14 世纪后期到 15 世纪早期的明朝，其自然科学与技术遥遥领先。但是，这种良好的局面却未能相对长久地持续下去，后劲不足是其致命伤，这种窘状反映在军事上就是需要借助国外的技术。再加上战事的连连失败，让这个帝国逐渐日薄西山。

明朝频频颁布和实行禁海政策，使它错失了航海发展、壮大的大好机遇。从时间线来看，14 世纪晚期的禁海竟然一直延续到了 16 世纪中期，这中间的"漫长"时间恰好是如黄金般珍贵的发展期。当欧洲的许多国家正在不懈努力发展海洋航线的时候，明朝却陷入了故步自封之中。下面就是一些让人看起来就觉得憋屈的规定：

凡建造双桅以上船只以重罪论处；毁弃海船并收监商贩；禁止下海通番；操纵桅船出海者按非法论罪……

　　在郑和航海结束后，明朝虽然实行了种种禁止海外贸易的措施，但其庞大的近海和远洋舰队，甚至相关经济部门都还存在，只不过对外贸易减少了许多，尤其是出口。随着白银对于国力的作用越来越强，明朝的出口贸易也显得日益重要。在 15 世纪和 16 世纪早期的和平繁荣时间里，确保航海的安全是沿海官员的重要职责，大量的水军战船正好用于打击海盗和执行沿海防御任务。这意味着，明朝仍然保留着向海洋强国发展的潜力，如自然科技、航海技术、造船能力、国家财力……

　　这时候，明帝国如何做选择就很重要了。然而，其在 15 世纪中期就主动放弃了海上扩张是不争的事实。明朝不再直接参与航海贸易了，只是将航海活动限制在可控的范围之内。到了 16 世纪中叶，明朝遭受的威胁日益加重，其早期的国力积累使它可以快速反应过来，这时候其海上活动能力也并非不堪一击。对此，我们可以从两次严重的威胁化解中得到印证。在 1550—1590 年间，沿海地区海盗猖獗，名将戚继光给予其沉重的打击；日本入侵朝鲜，明朝出兵支援。

　　16 世纪晚期，明朝也曾出现过中兴局面，其在军事和经济上的发展大有重振雄风的意味。有意思的是，这一切都与航海贸易和航海远征有着紧密关系，并且，这样的好局面一直延续到了 17 世纪，只不过由于农民起义（1630—1640 年）和清兵入关（1644 年）丧失了对航海部门的控制。这些时期，虽然其在陆地上的控制能力大大减弱，在海上作战中却表现出强劲的能力。主要表现有，明军的旧部成功地将荷兰殖民者赶出了台湾。

另外，清朝 1683 年才通过大规模水陆两栖作战的模式攻克了台湾岛，消灭了明朝水军余部，从这也可以看出明朝海上力量的强大。

明朝在前期拥有强大的财力、物力、科学技术、创造能力，这使得它能成为航海强国。然而，由于制度的缺陷，导致其在航海上不能保持强劲的势头，并持续发展。

2

应该说明朝在航海上的超强能力得益于宋、元两朝。

南宋是以港口城市作为京城的王朝，杭州位于长江下游，是当时的政治、文化中心，也是沿海贸易的集散地，拥有大型的造船厂，内河水道天然优良。这个时期的航海实力达到了一个新的高度，譬如，海洋测量学、航海技术、海上作战能力。这些让这个王朝在遭受强大的蒙古军队连续进攻时得以生存。有一点需要注意的是，南宋是在抵御了蒙古近 45 年之后才最终灭亡的，而这其中有一个重要的原因是，南宋水军大部倒戈投降了蒙古人。

1141 年绍兴和议后的南宋，北部边界基本固定在秦岭、淮河一线，首都则建立在杭州湾畔的杭州，这种背海立国的态势和海疆形势使得南宋在发展陆军的同时，海军的发展也应运而生，并在总兵力中所占比例大幅度增加，其地位也明显上升。在海战中的主导防御作用，在历次战争中的全局战略配合，越海深入敌境协助陆军作战，参加长江防线的防御……可以说，南宋海军都发挥了重要作用。

到了元朝，虽然蒙古远征日本、越南、瓜哇不尽如人意，但能从海上进发到这些海域，没有舰队和各种战术是不可想象的。事实上，蒙古人在 1274 年和 1281 年对日本的两次远征，很有可能是中世纪时代规模最大的两栖作战行动。

南京明代宝船厂遗址

14 世纪的明朝在航海和海战方面，处于世界领先水平。其造船能力达到鼎盛时期，造船工厂遍布于全国滨江沿海各地，像江苏、福建、湖广、浙江、南京、福建等地都是具备超强造船能力的（*譬如，南京的龙江船厂、福建的台南船厂*），且呈现出数量庞大、船体增大、船型繁多等特点。这些造船厂规模大、组织严密、功能齐全。以南京的龙江船厂为例，它隶属工部都水司，占地 8100 亩。内设工部司，掌管督察；提举司，负责造船业务；指挥厅，指挥生产。造船厂生产组织分布合理，井然有序，按专业性质分为四厢，分别为：一厢制船木梭橹，二厢制造木铁揽，三厢修补旧船，四厢制造棕篷等物。

《明成祖实录》中记载，1403—1417 年期间，不完全统计下就造了 2735 艘海船，具体见下表。

时间	造船厂地	船型	数量	备注
1403 年 5 月	福建	海船	137 艘	建造
1403 年 8 月	苏州、南京、浙江、湖广、江西	海运船	200 艘	建造
1403 年 10 月	浙江、江西、湖广	海运船	188 艘	改造
1404 年 1 月	福建、南京	西洋海船	55 艘	建造
1405 年 6 月	浙江	海船	1180 艘	建造
1405 年 10 月	江西、浙江、湖广、直隶、安庆	海运船	80 艘	改造
1405 年 11 月	湖广、浙江、江西	海运船	13 艘	改造
1406 年 10 月	浙江、直隶、江西、徽州、安庆、镇江、太平、湖广、苏州	海运船	88 艘	改造
1407 年 9 月	命都指挥王浩改造海船	海运船	249 艘	改造
1407 年 11 月	江西、湖广、浙江	海运船	16 艘	改造
1408 年 1 月	工部	宝船	48 艘	建造
1408 年 2 月	浙江	海运船	33 艘	建造
1408 年 11 月	苏松府、直隶、浙江、湖广、江西	海运船	58 艘	改造
1409 年 10 月	苏州、湖广、江西、浙江	海船	35 艘	建造
1409 年 11 月	龙虎口	海运船	9 艘	建造
1409 年 12 月	扬州	海船	5 艘	建造
1410 年 10 月	浙江临山、宁波、定海、观海	海运船	48 艘	建造
1410 年 11 月	扬州	海风船	130 艘	建造
1411 年 9 月	镇江、湖广、江西、浙江	海风船	61 艘	改造
1413 年 3 月	命都督同知督造	海船	不详	建造
1417 年 9 月	不详	宝船	41 艘	建造
总 计	2735 艘			

根据英国学者米尔斯的推断，郑和远洋的宝船中的巨型船长约 138 米，宽约 56 米，载重量约为 2500 吨，排水量为 3100 吨。在造船方面，中国曾远远走在欧洲前面。另，各种航海技术（天文学、测绘、罗盘技术……）、武器装置（钩具、索具、投射器……）等的运用，也使得明朝的水军具备有超强的作战能力。

3

河流战在明朝的建立过程中发挥了重要作用。鄱阳湖之战，朱元璋击败陈友谅完全控制了长江中游地区。随后，对下游地区的吴国进行征讨，于 14 世纪 60 年代中后期成功剿灭吴国。接下来，朱元璋又对广东、福建等地进行征讨，这期间，多以水战为主，也有陆路协同作战。如果没有强大的水军是不可能完成这些作战任务的。

或许是朱元璋太熟悉水军，以及见识到它的强大作用，因此，对水军和航海经济反而心存戒备。而且，他把贸易和海盗的概念混为一谈，认为其是扰乱社会秩序、经济的罪魁祸首。明朝初期的航海贸易和沿海防御政策，是以否定或限制航海经济为目标，绝不能超过其他类型的经济。

明朝吸取了蒙古人的制度、统治手段、作战关注点，也就是说，是以陆地扩张和内部巩固为主。在建立政权的战争中，海上作战的地位从未胜过陆地作战。当然，蒙古人以及其他游牧民族长期虎视中原，也是让明朝将军队向内陆转移的一个原因。

为消除海上和水路方面的威胁，朱元璋从 1371 年开始设立水军卫所，分布于山东、南直隶、浙江、福建，担负着从渤海湾到南海之间的巡防任务。对于倭寇骚扰一事，明朝的皇帝一般都拒绝发兵，认为那是劳民伤财之举。那些活跃在福建、广东沿海的倭寇时常骚扰、抢劫，但明朝因为地形和曲折的海岸线，疲于奔命，难以有效地对之进行剿灭。换句话说，明朝是很难根除海患的，即便是有抗倭名将戚继光这样的厉害人物，也没有完全做到。

这样一来，禁海便有实施的前提。

第一次禁海是在 1371 年，然而禁海后，问题却更加严重了。明朝采取压制私营贸易的手段，同时又拒绝在朝贡制度下的等量交换贸易的往来。

这就使得原先光明正大的贸易，被迫走向了另一面——很多商贩做起了海盗、干起了走私的行当。

1405—1433 年间，是明朝海上经济发展的全盛时期。郑和的航海活动以及具备的海上力量的影响已经威胁并影响到了对手，打通或扩大了明朝与东南亚、印度之间的官方贸易海上通道。

到了 16 世纪中叶，海盗逐渐横行。这主要是因为沿海卫所制度在 16 世纪以前被忽视了，海盗因此有了滋生、滋养的空间。其实，海盗的横行反而是明朝繁荣富强的一个反映。当葡萄牙人涌入亚洲后，当他们在 16 世纪初期横跨印度洋，1510 年在果阿（印度地区）建立了一个基地，并在 1510 年推翻了马六甲苏丹的地位后，终于打通了南海与葡萄牙的往来线路。这条航线的开辟具有非常重要的意义，因为，这至少表明葡萄牙控制了明朝与全球经济之间的主通道之一。

1517 年，葡萄牙商人想与明朝建立贸易往来，结果遭到拒绝。当时，一支官方使团在费尔南·佩雷斯·德·安德拉德的带领下欲与明朝建立正式的贸易关系，明朝以葡萄牙不在朝贡名单里为由拒绝了。1520 年，葡萄牙大使托梅·皮雷斯的使团欲见正德皇帝，也被拒绝了。在嘉靖皇帝即位后，又重申禁海。

16 世纪晚期，这种情况有所好转，并一度呈现繁荣的局面。尤其是荷兰人、西班牙人、葡萄牙人在东亚海面上的活跃，而明朝也从这一时期的海上贸易里收益颇丰。譬如，以 1597 年一年的白银为例，通过马尼拉流入明朝的白银就将近 35 公吨，超过 850 万两。比之前 50 年的银矿生产总量还要多，这是因为明朝的茶叶、陶瓷、丝绸产品在欧洲大受欢迎。

因此，16 世纪 90 年代的明朝，并不是一个垂死没落的国家，反而是亚洲一个很有活力的国家。最有力的一个说明就是，万历年间（1573—1620 年）

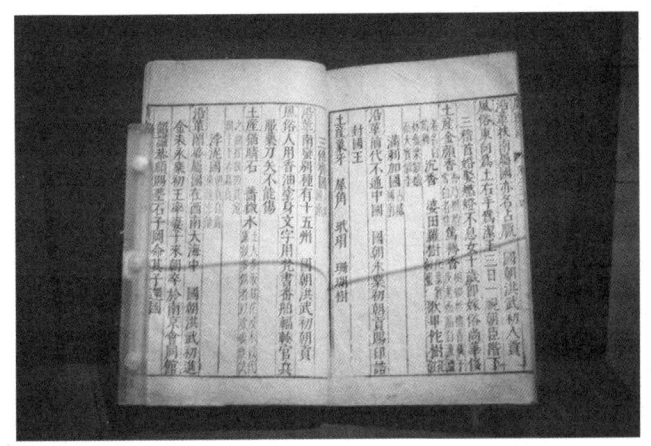

《广舆记》所记载的明朝万历年间的海贸情景

明朝可以很快应对丰臣秀吉侵略朝鲜的挑战。要知道，银两是支持军事力量的基础。

然而，万历皇帝并没能抓住在朝鲜取得的战略上的巨大成功，壬辰战争中的收获因忙于朝廷内斗而无暇顾及。最终，这位皇帝想让这个国家涉足海上贸易并强化、扩大的意图就这么消亡了。

壬辰战争后，明朝开始忽视海洋，让地方官员管理海上事务，打击海盗的作战仍然在继续。清军入关后，随着郑氏家族的没落，尤其是施琅在澎湖海战中一举重挫郑家部队，明朝想通过海上复国的微弱愿望被彻底扼杀。

纵观明朝、清朝两朝的悲惨海上历史，都是以偏离传统的大陆孤立主义为主，这是极为反常的。

正如美国海军战争学院战略与政策教授安德鲁·R.威尔逊所说：

我敢断言……一直都这么反常。

4

1839 年，两广总督林则徐给皇帝呈交了一份奏章。在这份奏章中，他指出了英国舰船的不足。有意思的是，这里面充满了对英国的种种鄙夷。如，

"彼万不敢以侵凌他国之术窥伺中华"；只不过是"私约夷埠一二兵船"；"未奉国主调遣，擅自粤洋游弋，虚张声势"……

从历朝来看，中国的海防思维还是比较狭隘的。最直接的一点就是，防御的重点主要在保卫沿海及内陆水道，而不是在远海作战的海军。这和西方海军至上的理念有着较大的距离，而中国人接触到阿尔弗雷德·赛耶·马汉的著作，也比较晚。像清朝晚期，姚锡光这样有卓识远见的人士，对海权的理解也是比较肤浅的。这主要是因为，中国人接触的版本源自日本的翻译版本，而日本人对海权的理解也是存在问题的。更要命的是，中国人只读到了第一、第二章节的内容。

根据布鲁斯·A.埃勒曼（美国学者，中国现代战争研究专家）在《清朝统治下中国海洋政策的疏忽与低谷》文章中的相关论述，他将清朝在海洋政策的走向分为四个时期：

其一，1644—1839 年，清朝在海军部队收复台湾后，将更多的精力放在了陆上战争，尤其是征服蒙古人等，以及阻止俄国扩张的战争。并规定，外国商人只能在广州、澳门等南方城市经商，以方便管理和控制。在这样的格局下，清朝不需要一支强大的海军。

其二，1839—1842 年，清朝与外国的冲突，主要是因鸦片贸易引起的

白银储备外流，远洋航运遭受到威胁，这种航运可能与传统的河流、运河为基础的贸易系统展开竞争，从而破坏了清朝传统的税收结构，鸦片战争就在这样的形势下爆发了。

其三，1843—1864年，清朝被迫改变政策，与英国展开第二次鸦片战争，这次惨败，使得清朝政府意识到有必要对海军进行改革了。

其四，1865—1895年，清朝政府试图进行一系列的改革，包括引进人才、留洋、购买军舰等措施。然而，起步太晚，进展太缓慢了，导致其在甲午战争中被日本击败。

到了国民党时期，仅有短暂的复兴——实际上没什么效果，这种状况一直持续到中国人民解放军海军建成，情况才逐渐好转。

二、简析中国造船业现状

1

到2020年，中国的海上贸易有望达到每年10亿美元，这些收入中的大部分将通过中国建造、拥有并经营民用船舶来获得。工业时代的到来，为这个国家注入了新的活力，透过中国的造船业发展，可以看到中国在海洋权益中的发展状况。

特别是在由军向民的转型过程中，中国积累了大量的造船技术与经验。这种方式，与俄罗斯帝国发展时的模式有着相似之处。像20世纪80年代建造的旅大级驱逐舰、江湖级护卫舰、明级潜艇，就是在苏联50年代的设计上进行了改进，在技术上已经很接近当时西方商船的标准了。

通过早期在国际市场中的参与，中国的造船公司获得了许多经验。因此，在转型中就可以避免走很多弯路，并对造船厂进行升级改造。譬如，在与日本三菱重工、英国造船公司签署合作协议后，就成功地升级了著名的江南造船厂（前身为始建于 1865 年的江南制造总局）和大连造船厂。这些重要技术，像船用柴油发动机方面，由于多方面的广域合作，有助于将中国制造的舰船推向国际市场。特别值得一提的是，西方船级社对中国制造的舰船进行了检验，并提供技术认证。1983 年，中国船舶检验局正式采用英国劳氏船级社批准的技术标准，这是吸引国际市场买家的重要一步。

2011 年，中国造船完工量为 7665 万载重吨，同比增长 16.9%；新承接船舶订单量 3622 万载重吨，同比下降 51.9%；截至 12 月底，手持船舶订单量 14991 万载重吨，比 2010 年年底手持订单下降 23.5%。按载重吨计，造船完工量、新接订单量、手持订单量分别占世界市场份额的 45.1%、52.2%、43.3%。以下是 2011 年世界造船三大指标市场份额数据：

指标 / 国家		世 界	韩 国	日 本	中 国
2011 年造船完工量	万载重吨 / 占比	17002	5291	3182	7665
		100.0%	31.1%	18.7%	45.1%
	万修正总吨 / 占比	5100	1598	894	2141
		100.0%	31.3%	17.5%	42.0%
2011 年新接订单量	万载重吨 / 占比	6942	2656	289	3622
		100.0%	38.3%	4.2%	52.2%
	万修正总吨 / 占比	3045	1237	149	1305
		100.0%	40.6%	4.9%	42.9%
2011 年底手持订单量	万载重吨 / 占比	34610	11070	5315	14991
		100.0%	32.0%	15.4%	43.3%
	万修正总吨 / 占比	11588	3485	1401	4816
		100.0%	30.1%	12.1%	41.6%

随着中国科研开发的顺利进展，创新能力进一步提升了中国船舶工业集团公司船舶高技术产品的研发。譬如，沪东中华造船（集团）公司自主研发的4型LNG船，其中采用低速柴油机加再液化装置推进的17.2万立方米LNG船获得了埃克森美孚/商船三井LNG项目的4艘实船国际订单，实现了中国造LNG船出口零的突破。中船集团所属造船企业和研究所还完成了一批万箱船、工程船、特种船的设计开发，技术储备明显增强。3000英尺钻井船、16缆物探船等新型海工装备开发能力进一步提高。

江苏扬子江船业集团和中国船舶及海洋工程设计研究院共同研发具有自主知识产权和世界先进水平的新一代节能环保型10000TEU大型集装箱船，创下了中国造船业第一大单。"蛟龙"号深海载人潜器成功完成5000米级海试；新一代自主品牌6CS21/32船用中速柴油机研发成功，并取得了中国船级社的证书，正式推向市场；自主研发的大型转叶式舵机通过中国船级社检验；国内最大的海洋平台起重机研制成功……

这些骄人的成绩，凝聚着这个国家的智慧和结晶，我们为此而感到自豪。

283

2

在过去的相对漫长的时间里，中国造船工业的结构发生了重大变化。譬如，1999年，中国船舶总公司一分为二：中国船舶工业集团公司（CSSC）和中国船舶重工集团公司（CSIC）。私营船厂也增加许多，到2010年占中国船舶总量的近50%。

1999年7月，肩负着中国大量重要造船使命的中国船舶总公司进行了优化改革，总公司被拆分为两个独立的实体：中国船舶工业集团公司（CSSC）

掌管负责上海、长江以南的大部分造船厂、子公司；中国船舶重工集团公司（CSIC）主要进行北半个中国的造船业务。这是中国政府反垄断重要举措中的一部分，目的是为了引入自由市场竞争。

正是因为这样的改革，2002年5月，时任国务院总理的朱镕基明确批示：

中国有希望成为世界第一造船大国。

中国正朝着成为世界领先的造船大国而努力。当然，这个目标的实现还是存在着不小的困难。因为，2005年中国造船业产量仅占全世界总吨位数的13.8%，落后于当时日本和韩国的35%、37.7%。

新时期中国造船业飞速发展

为了能实现这个目标，国家投入了大量的财力、物力，譬如，中国船舶重工集团公司（CSIC）对大连船舶重工、渤海船舶重工的设施进行了扩建，青岛北海船舶重工造船厂建造两座 50 万载重吨造船坞。中国船舶工业集团公司（CSSC）在上海长兴岛、广州龙穴岛新建大型的造船基地，耗资数十亿美元。

在获得国外先进造船技术方面，私营、合资造船厂也发挥着自身的作用。像南通中远川崎船舶工程有限公司的成功，就有力地说明了中国船舶工业的发展的多元化趋势。1999 年以前，中国仅有两家合资船厂：烟台莱佛士船业有限公司（由中国石油天然气集团公司、烟台市机械工业总公司、新加坡章立人集团联合创办）、上海爱德华造船有限公司（由中国船舶工业集团公司、德国汉莎造船厂联合创办）。

在军用造船建设上的某些方面，主要由中国人民解放军直接管理下的造船厂负责中国海军舰艇的维护和修理。

中国造船工业取得的大部分成果主要来自沿海各省，这主要是由地理因素导致。1999 年以来，沿海 11 省占据了从事船舶制造厂份额的 90.7%，所建造的船舶数量占全国的 91.9%，生产的总吨位数占全国的 97.6%。因此，这就形成了中国造船业过度集中的局面。当然，也有分散于其他省市的，譬如，深入内地的"大三线建设"（20 世纪 60 年代）。

在技术和人才方面，中国的造船业也面临诸多问题。譬如，相对较长的时间里实行"机械复制"的模式，这不利于紧跟世界先进技术以及尽快实现国产化；劳动过度密集型生产形式，未能大幅度提升生产效率。根据西方国家的相关评估，中国造船厂的总生产力大约只有日本、韩国的六分之一。

3

在未来的日子里，中国能否再次成为海上强国，与能否充分利用民营造船业的发展有着密切的联系。通过前文的相关叙述，如英国、俄罗斯帝国等国家在新技术上的运用，特别是后者，在其帝国构建的过程中，利用民营造船业的各个层面的优势，为其海洋称霸的时代做出了重要的贡献。

如果中国要走海上强国之路，不仅要在综合国力上下工夫，在人员素质和能力，特别是创新能力方面，还需要继续努力。

如果中国掌握了更多尖端的技术，商业发展和海军发展将出现战略性的大转机，而造船业的繁荣与发展，将作为展示海上力量的重要窗口。

三、愿景展望

1

俄国作家陀斯妥耶夫斯基曾说：

真正伟大的民族永远不屑于在人类当中扮演一个次要角色，甚至也不屑于扮演头等角色，而一定要扮演独一无二的角色。

1697 年的 8 月，荷兰赞丹镇船厂来了一群学习造船的俄国留学生。留学生们和工匠们住在一起，吃粗茶淡饭，凿木头、造军舰、学驾船，还获得了造船技术合格证书。冬天到来的时候，由这些学生制造的一艘木制三桅巡洋舰在这里的海域下水了。学生中最出色的是一个名为彼得的人，后来，他为他的国家海军的发展和壮大做出了重要贡献。在中国，各所大学每年可以培养约1500名的造船人才，加之在外留学的，以及引进的人才，只要能将这些人才发挥得当，注重实际运用、操作、管理等能力，相信中国在造船的领域里会取得更大的成就。

中国已经向世界证明，能够拥有维持并合理、合法发展海洋权益的能力，也不会重蹈闭关锁国的覆辙。开放、精诚合作的姿态，将会使得在海上力量的发展上，占据更加重要的地位。

目前，中国向真正海洋国家的转型，意味着要建设一支具有较强作战能力的现代化海军。中国正在努力奋进。

我们也看到了中国海军现代化进程的成果。譬如，将水面舰艇、潜艇、飞机、武器、电子系统以及其他设备装配到海军部队里，在情报获取、整理、分析等方面也取得了长足进步。特别是在关键技术上，除了自主研发，还

中国现代化的驱逐舰

广泛地与俄罗斯、以色列等国家展开合作。一支现代化的海军正在海上崛起。

2

中国正在以昂首阔步的姿态前进着，精英和专家们对大国崛起的探索也从未停止。

譬如，探索葡萄牙、西班牙、荷兰、英国、法国、德国、日本、俄罗斯、美国等国海权发展的重大课题的实施就是较好的证明。这项研究工作在 2006 年完成，集合了中国诸多顶尖学者，中央电视台也做了专栏播放。

大国崛起课题研究的目的在于提升国民意识。综合国力依靠经济发展，海上贸易能促进经济发展，而强大的海上力量能进一步推进经济的发展，并为这个国家的安全起到重要的作用。

中国近年来的海上发展远景十分可观，海上力量作为中国崛起的一部分，正发挥着它不可或缺的重要作用，中国海上商业发展对经济增长的促进作用也日趋明显。这项自强运动，诚如李鸿章所说：

富与强并重，以富促强，以强保富。

因此，采取平衡经济与军事的发展模式，或许才能让中国无视外国的反对、干涉，最终上升为大国。

中国梦的实现需要我们理智而智慧地去努力！

而本文所述的内容，也不过是管中窥豹罢了。

后记：关于创作，关于本书

本书试图从多个国家海洋发展的历程中去解读海权与大国兴衰的关系，并一直努力着。不过，由于这是一个庞大的课题，且其中涉及的专业知识，譬如天文、地理、政治、历史、经济、战略、战术、海权、兵种等，都形成了写作的困难。

因此，在创作中我参考、借鉴了不少相关著作与资料。

全书紧扣海权以及战略进行铺陈叙述，每个章节并不独立，它们都有着相对应的联系。作为海上国家，或者内陆国家，或者半内陆国家，它们在成为海洋强国的进程中都与两字密不可分，即"海权"。关于它的重要性这里不作赘述——本书已经相对详细地阐述了，更多的可以参阅由我翻译的《大国由海权崛起》一书。

《大国由海权崛起》是根据美国著名海军战略专家阿尔弗雷德·赛耶·马汉的海权"三部曲"翻译而成（书中从多个方面综合阐述了海权对于国家发展的意义和影响，并就如何发展海权给出了建议和指导），属于目前国内比较完整、通俗易懂的版本，得到了著名军事专家、全军外宣常备专家、全国军事战略学科首席科学传播专家、央视评论员李杰大校作序并倾力推荐！

感谢出版方，感谢策划编辑的悉心付出，让这本书得以面世。我期待着它不是终结，毕竟，还有很多内容没有做到更为详尽的阐述。

因水平有限，加之时间仓促，书中难免有不少谬论、错误，还望大家多以包容的心态去看待，并欢迎指正、批评，不胜感激！

熊显华

2016 年 10 月

附录：主要参考文献

由于本书的写作性质，在创作中参考了许多著作，因时间仓促、数量较多，无法一一列举。在此，我尽可能地将能想到的参考文献罗列出来，并敬致衷心的感谢！

01. 王荣生.蓝色争锋：海洋大国与海权争权 [M].北京：海潮出版社，2013.

02.（日）宫崎正胜.航海图的世界史：海上道路改变历史 [M].北京：中信出版社，2014.

03.（美）阿尔弗雷德·赛耶·马汉著，熊显华译.大国由海权崛起 [M].北京：求真出版社，2014.

04.（美）彼得·奥顿著，付广军译.改变世界的航海 [M].长沙：湖南科学技术出版社，2011.

05. 杜小军.幕末日本海军史 [M].北京：中国文史出版社，2015.

06.（美）乔治·贝尔著，吴征宇译.美国海权百年：1890—1990 年的美国海军 [M].北京：人民出版社，2014.

07.（英）阿兰·帕尔默著，胡志勇译.波罗的海史 [M].北京：中国出版集团、东方出版中心，2013.

08.（日）麻田贞雄著，朱任东译.从马汉到珍珠港：日本海军与美国 [M].北京：新华出版社，2015.

09. 邱立波主编.海权沉浮 [M].桂林：广西师范大学出版社，2015.

10.（英）哈·麦金德著，林尔蔚、陈江译.历史的地理枢纽 [M].北京：商务印书馆，2010.

11.（英）布朗伯利编，中国社会科学院世界历史研究所组译.新编剑桥世界近代史6[M].北京：中国社会科学出版社，2008.

12.（美）斯皮克曼著，林爽喆译.边缘地带论 [M].北京：石油工业出版社，2014.

13.（英）保罗·肯尼迪著，沈志雄译.英国海上主导权的兴衰 [M].北京：人民出版社，2014.

14. 金秋鹏. 中国古代造船与航海 [M]. 北京：中国国际广播出版社，2011.

15. 周运中. 郑和下西洋新考 [M]. 北京：中国社会科学出版社，2013.

16.（日）外山三郎著，龚建国、方希和译. 日本海军史 [M]. 北京：解放军出版社，1988.

17.（日）横井小楠著，熊达云、管宁译. 国是三论 [M]. 北京：中国物资出版社，2000.

18.（美）迈克尔·亨特、史蒂文·莱文著，宗瑞华译. 躁动的帝国 2：太平洋上的大国争霸 [M]. 重庆：重庆出版社，2015.

19.（以色列）尤瓦尔·赫拉利著，林俊宏译. 人类简史：从动物到上帝 [M]. 北京：中信出版社，2014.

20.（美）麦克·哈特著，赵梅、韦伟、姬虹译. 影响人类历史进程的 100 名人排行榜 [M]. 海口：海南出版社，2014.

21.（英）雷蒙德·卡尔著，潘诚译. 西班牙史 [M]. 北京：中国出版集团，东方出版中心，2009.

22.（美）亨利·基辛格著，顾淑馨、林添贵译. 大外交 [M]. 海口：海南出版社，2012.

23. 倪乐雄. 文明转型与中国海权 [M]. 上海：文汇出版社，2011.

24. 张文木. 论中国海权 [M]. 北京：海洋出版社，2010.

25.（德）乔尔根·舒尔茨、维尔弗雷德·A. 赫尔曼、汉斯·弗兰克·塞勒编著，鞠海龙、吴艳译. 亚洲海洋战略 [M]. 北京：人民出版社，2014.

26. 张剑锋. 波起东海：中日海上岛屿争端的由来与发展 [M]. 北京：海洋出版社，2015.

27.（美）尼古拉·梁赞诺夫斯基、马克·斯坦伯格著，杨烨、卿文辉、王毅译. 俄罗斯史 [M]. 上海：上海人民出版社，2013.

28.（法）伏尔泰著，吴模信译. 彼得大帝在位时期的俄罗斯帝国史 [M]. 北京：商务印书馆，2016.

29.（俄）尼古拉·别尔嘉耶夫著，汪剑钊译. 俄罗斯的命运 [M]. 南京：译林出版社，2014.

30.（澳）维克托·普雷斯科特、克莱夫·斯科菲尔德著，吴继陆、张海文译. 世界海洋政治边界 [M]. 北京：海洋出版社，2014.

31.（美）安德鲁·S. 埃里克森、莱尔·J. 戈尔茨坦、卡恩斯·洛德著，董绍峰、姜代超译. 中国走向海洋 [M]. 北京：海洋出版社，2015.

32. （美）马士宓亨利著，姚曾广等译. 远东国际关系史 [M]. 北京：商务印书馆，1975.

33. 刘怡. 日本海军联合舰队舰艇全览 [M]. 武汉：武汉大学出版社，2010.

34. 端木义万. 美国社会文化透视 [M]. 南京：南京大学出版社，1999.

35. 徐弃郁. 脆弱的崛起：大战略与德意志帝国的命运 [M]. 北京：新华出版社，2014 修订版.

36. （德）塞巴斯蒂安·哈夫纳著，周全译. 从俾斯麦到希特勒 [M]. 南京：译林出版社，2016.

37. （美）雷·艾伦·比林顿著，韩维纯译. 向西部扩张：美国边疆史 [M]. 北京：商务印书馆，1991.

38. （联邦德国）弗里茨·费舍尔著，何江、李世隆等译. 争雄世界：德意志帝国 1914—1918 年战争目标政策 [M]. 北京：商务印书馆，1987.

39. 杨宁一. 日本法西斯夺取政权之路 [M]. 北京：北京师范大学出版社，2000

40. （日）信夫清三郎著，天津社会科学院日本问题研究所译. 日本外交史 [M]. 北京：商务印书馆，1980.

41. （英）安德鲁·兰特著，郑振清，向静译. 风帆时代的海上战争 [M]. 上海：上海人民出版社，2005.

42. 施菊英. 世界现代前期经济史 [M]. 北京：中国国际广播出版社，1996.

43. （美）詹姆斯·M. 莫里斯著，勒绮雯译. 美国海军史 [M]. 长沙：湖南人民出版社，2010.

44. 张铁牛、高晓星. 中国古代海军史 [M]. 北京：解放军出版社，2006.

45. 美国《21世纪海上力量合作战略》[C]（2015 年新版）.

46. （英）李约瑟. 中国科学技术史 [M]. 北京：科学出版社，2003.

47.《2011 年中国船舶工业经济运行情况分析报告》[R]（中国船舶工业行业协会）.

48. 郝延兵、杨志荣. 海上力量与中华民族的伟大复兴 [M]. 北京：国防大学出版社，2006.

49. 何锋. 明朝海上力量建设 [M]. 厦门：厦门大学出版社，2015.

50. （日）稻叶君山著，但焘译. 清朝全史 [M]. 北京：中国社会科学出版社，2008.

……